世界五千年
科技故事丛书

卢嘉锡题

世界五千年科技故事丛书

控制论之父

诺伯特·维纳的故事

丛书主编　管成学　赵骥民

编著　陶理

吉林出版集团 ｜ 吉林科学技术出版社

图书在版编目（CIP）数据

控制论之父：诺伯特·维纳的故事 / 管成学，赵骥民主编.
-- 长春：吉林科学技术出版社，2012.10（2022.1重印）
ISBN 978-7-5384-6086-5

Ⅰ.① 控… Ⅱ.① 管… ② 赵… Ⅲ.① 维纳，Ⅳ.（1894～1964）一生平
事迹一通俗读物 Ⅳ.①K837.126.11-49

中国版本图书馆CIP数据核字（2012）第156238号

控制论之父：诺伯特·维纳的故事

主　　编	管成学　赵骥民	
出 版 人	宛　霞	
选题策划	张瑛琳	
责任编辑	朱　萌	
封面设计	新华智品	
制　　版	长春美印图文设计有限公司	
开　　本	640mm×960mm　1 / 16	
字　　数	100千字	
印　　张	7.5	
版　　次	2012年10月第1版	
印　　次	2022年1月第5次印刷	

出　　版	吉林出版集团 吉林科学技术出版社
发　　行	吉林科学技术出版社
地　　址	长春市净月区福祉大路5788号
邮　　编	130118
发行部电话 / 传真	0431-81629529　81629530　81629531 81629532　81629533　81629534
储运部电话	0431-86059116
编辑部电话	0431-81629518
网　　址	www.jlstp.net
印　　刷	北京一鑫印务有限责任公司

书　　号	ISBN 978-7-5384-6086-5
定　　价	33.00元

序 言

十一届全国人大副委员长、中国科学院前院长、两院院士

路甬祥

　　放眼21世纪，科学技术将以无法想象的速度迅猛发展，知识经济将全面崛起，国际竞争与合作将出现前所未有的激烈和广泛局面。在严峻的挑战面前，中华民族靠什么屹立于世界民族之林？靠人才，靠德、智、体、能、美全面发展的一代新人。今天的中小学生届时将要肩负起民族强盛的历史使命。为此，我们的知识界、出版界都应责无旁贷地多为他们提供丰富的精神养料。现在，一套大型的向广大青少年传播世界科学技术史知识的科普读物《世

界五千年科技故事丛书》出版面世了。

由中国科学院自然科学研究所、清华大学科技史暨古文献研究所、中国中医研究院医史文献研究所和温州师范学院、吉林省科普作家协会的同志们共同撰写的这套丛书，以世界五千年科学技术史为经，以各时代杰出的科技精英的科技创新活动作纬，勾画了世界科技发展的生动图景。作者着力于科学性与可读性相结合，思想性与趣味性相结合，历史性与时代性相结合，通过故事来讲述科学发现的真实历史条件和科学工作的艰苦性。本书中介绍了科学家们独立思考、敢于怀疑、勇于创新、百折不挠、求真务实的科学精神和他们在工作生活中宝贵的协作、友爱、宽容的人文精神。使青少年读者从科学家的故事中感受科学大师们的智慧、科学的思维方法和实验方法，受到有益的思想启迪。从有关人类重大科技活动的故事中，引起对人类社会发展重大问题的密切关注，全面地理解科学，树立正确的科学观，在知识经济时代理智地对待科学、对待社会、对待人生。阅读这套丛书是对课本的很好补充，是进行素质教育的理想读物。

读史使人明智。在历史的长河中，中华民族曾经创造了灿烂的科技文明，明代以前我国的科技一直处于世界领先地位，涌现出张衡、张仲景、祖冲之、僧一行、沈括、郭守敬、李时珍、徐光启、宋应星这样一批具有世界影响的科学家，而在近现代，中国具有世界级影响的科学家并不多，与我们这个有着13亿人口的泱泱大国并不相称，与世界先进科技水平相比较，在总体上我国的科技水平还存在着较大差距。当今世界各国都把科学技术视为推动社会发展的巨大动力，把培养科技创新人才当做提高创新能力的战略方针。我国也不失时机地确立了科技兴国战略，确立了全面实施素质教育，提高全民素质，培养适应21世纪需要的创新人才的战略决策。党的十六大又提出要形成全民学习、终身学习的学习型社会，形成比较完善的科技和文化创新体系。要全面建设小康社会，加快推进社会主义现代化建设，我们需要一代具有创新精神的人才，需要更多更伟大的科学家和工程技术人才。我真诚地希望这套丛书能激发青少年爱祖国、爱科学的热情，树立起献身科技事业的信念，努力拼搏，勇攀高峰，争当新世纪的优秀科技创新人才。

目 录

目 录

引 子

　　1987年12月11日，纽约联合国总部会议大厅。

　　第42届联合国大会正在进行，各国代表神情严肃、默默地沉思着。

　　是啊！人类正面临着空前的危机，这怎能不令人焦虑。根据科学家的观测报告，地球生态圈已进入新的活跃期，太阳黑子开始强烈地活动，世界范围内的地震活动高潮即将到来；1982年和1986年，海水突然升温的厄尔尼诺（El Nino）现象，相继出现在赤道太平洋东部、拉丁美洲西岸附近，引起了世界性的气候灾难；全球二氧化碳剧增造成的"温室效应"，有可能引起海水吞蚀大陆的灾难性现象；人口激增造成了环境的严重破坏；臭氧层变薄和南极上空出现的臭氧层空洞，这将会导致地球上物种的灭绝。

20世纪70年代以来，全世界的各种灾害明显增多，严重地威胁到人类的生存。为此，美国科学院院长普雷斯（F. Press）博士，在1984年第8届世界地震工程会议上提出了"国际减轻自然灾害10年"（英文缩写IDNDR）的设想；第42届联合国大会就以此设想为议题，展开了广泛的讨论。

发言结束，表决的时刻到了。刹那间，铃声大作，所有的表决器都亮起了绿灯，到会代表以169号决议的形式，一致通过了从1990年起开展IDNDR在国际上步调一致的活动，希望通过10年的努力，将自然灾害降低30%。

然而就在这个决议通过后的第二年，被称为"吉尔伯特"的飓风以20千米/时的速度席卷了加勒比七国，牙买加几乎被夷为平地。这一年共发生了74起特大洪水、5次旋风、11次飓风、34起巨大风暴、17次滑坡、17次地震、18起旱灾以及162次重大事故，噩耗频传。以后的几年里灾情也没有得到控制：1989年，美国旧金山发生（里氏）6.9级地震；1990年，伊朗地震，4万多人死于非命；1991年，菲律宾火山爆发、孟加拉发生风暴潮灾、中国发生大面积特大洪涝……面对这些接二连三的灾难，人们不禁要问：大自然怎么了？人类只能束手待毙吗？

不能，当然不能！依靠人类的聪明才智和高速发展的科学技术，人类一定能找到有效的办法抑制灾难，渡过危机。人类现在已经有了一件抵御灾害的法宝——控制论。根据现代控制论，利用诸如电子计算机、遥感卫星等高新技术，人类完全有可能避免灾害的发生；或对灾害进行预测和预报。提前做好治理和防御工作，使损失减少到最低水平。今天，控制论早已不局限于工程自动化控制理论，而是发展成为包含生态控制论、环境控制论、能源控制论、人口控制论、社会控制论、经济控制论等多学科的理论，这些理论可以从不同的方面入手，为IDNDR活动提供理论依据。

其中，生态控制论的研究已经表明：生态系统内部的资源总是有限的，并不像太阳供给的能量那样"取之不尽，用之不竭"。如果采取"竭泽而渔，焚林而猎"这种杀鸡取卵式的野蛮方法掠夺生态资源，大自然必定会施以"报复"，后果将不堪设想。人类正面临着严峻的抉择：在资源问题上是遵守自然的法则，保持生态平衡；还是一意孤行，追求物质享受和人丁兴旺，最后遭到大自然无情的"惩罚"。

利用系统和信息观点及方法分析、设计、规划和控制人工生态系统的结构要素、工艺流程和反馈机制，使之最大限度地符合人类的整体利益和长远利益，是生态控制论的基本任务之一。资源的合理利用与再循环，环境的综合治理和优化，人在新的生态平衡格局下如何适应和协调，是生态控制论研究的重点。发展系统组分间的共生和再生关系，加强物质循环能力，提高生态效益……都是生态控制论研究的目的。

显然，这样的理论为IDNDR活动提供了有力的支持，今天我们看到的"保护我们的生态环境"、"只有一个地球！""节约每一滴水！"等口号，都是根据这一理论提出的具体措施。

控制论的英文原文为Cybernetics，这是一个在英文字典里查不到的词汇，但却可以在希腊文中找到一个与它发音相似的词 χγβεργαω，它的原意为"舵手"。1948年，一位美国人在法国巴黎出版了一本名为《Cybernetics》的书，书中提出了他创立的一门新的科学理论——控制论。这位美国人名叫诺伯特·维纳（Nobert Wiener），他除了借用 χγβεργαω 的原意外又赋予了它新的意义：关于在动物和机器中控制和通讯的科学。所以中文将它翻译为控制论。控制论一经问世就引起了轰动，因为它打破了自然科学和社会科学之间，以及自然科学各学科之间的某些不可逾越的界限，找到了把各门分支学科统一起来的新的途径、新的综合概念和方法。控制论把充满不定性和关联性的不完备的客观世界，用统一的、综合的科学观点和必要的数学语言进行诠释，揭示诸如信息、通信、系统、控制、反馈、平衡、稳定、因果、有序、有组织等一系列重要概念的内在联系和普遍意义，以整体的观点研究物质世界和非物质世界，即机器或机构和生物或活体以及社会经济现象中发生的动态（运动和变化）过程及其相互关系。控制论的思想方法是唯物的，分析方法是辩证的，它认为信息过程是认识客体的前提，控制过程是改造客体的途径。

正是因为有了控制论，人类实现了工业生产的自动化，完成了拜访月球的"阿波罗登月计划"，并尝试了在太空行走的新感觉……

姹紫嫣红的科学百花园中又盛开了一朵极具生命力的奇葩，它不断地生根、分蘖、开花，呈现出勃勃生机。这株奇葩的培育者，美国著名的数学家、马萨诸塞理工学院（也称麻省理工学院）的教授诺伯特·维纳（Norbert Wiener），也因此被世人赞誉为"控制论之父"。

神　童

1894年11月26日，美国哥伦比亚市，密苏里大学的一所公寓里，年轻的现代语言学教授利奥·维纳（Leo Wiener）的家中诞生了一个新的生命。望着襁褓中男婴的粉红色面容，初为人父的利奥·维纳兴奋得有些不能自持，他拥抱着妻子喃喃地说道：

"亲爱的，我们该为儿子起个名字了。叫什么好呢？我一定要为他起个不平凡的名字……噢！对了，就叫他诺伯特吧，这是著名诗篇《在阳台上》的一个人物的名字。"

妻子温柔地答道：

"好的，这个名字不错，我们就叫他诺伯特·维纳吧！"

利奥·维纳是一位俄裔爱尔兰人，他也是犹太名人阿奎巴·伊戈（Aquiba Eger）的后代。他身材矮小消瘦、动作灵活、思维敏捷，深度近视眼镜遮掩不住他敏锐而聪颖的目光。他从13岁起就自食其力，当时沙皇制定反对犹太法，东正教也对犹太人实行歧视政策，利奥顶着压力艰难地读完中学。中学毕业后，他考进了华沙医学院，不久又转到柏林的工学院，但是由于个人的兴趣和一些社会原因，他放弃了大学课程，中途退学了，并且以后再也没有上过任何大学。

18岁那年，利奥·维纳孤身一人移居美国，到达新奥尔良时，口袋里仅剩下5角钱。在美国，他当过工人、农民、小贩、乡村小学教师和中学教师，他依靠坚韧不拔的毅力刻苦攻读，不断地拓展自己的知识面。最后，他当上了美国最负盛名的哈佛大学的斯拉夫语教授，并成为一名国际知名的语言学家。

像父母期望的那样，小维纳健康地成长起来了。

两岁的时候，母亲成为他最亲密的伙伴和启蒙老师。他们经常坐在房前那散发着清香气息的松软草地上读书。最初时，母亲用温柔的声音为他读吉卜森的《森林之书》，讲《利吉·狄吉·泰维》等故事，后来母亲逐渐教他识字，在母亲的帮助下，他们开始一起读书。3岁半的时候，小维纳已经可以独自阅读了。

书中的世界太有趣、太神奇了，小维纳如饥似渴地读着。他不仅读《格林童话》、《天方夜谭》等儿童们喜爱的故事书，而且还读一些在他那个年龄无法理解的科学读物。但那时，他只是为了读而读，根本没去在意书中说了什么。

一晃儿，小维纳已经4岁了。在过生日的那一天，他收到令他终生难忘的两份礼物——两本书。一本是博物学家伍德写的《博物史》中有关哺乳动物的那一卷。书的印刷质量很差，油墨不均、插图模糊不清，而且内容也不大适合4岁的儿童阅读，但小维纳很喜欢，虽然生字太多，读起来很吃力，可图片很吸引人，小维纳反复翻阅这些图片，直到长大成人，他还经常阅读这本书。另一本书是儿童初级科学读物，书中介绍了行星系统、光的性质等自然科学知识。读着有关行星、卫星、恒星，光的折射、反射，光的合成与分解的内容，小维纳觉得这本书就像魔术师的箱子，里面藏着解谜的钥匙，他真希望自己也能有这样的知识，可以揭开大自然那神秘的面纱。

一年初夏，9岁的表姐奥尔加随祖母来家里做客，看见有一个能和自己一同玩耍的伙伴，小维纳可高兴呢。奥尔加大维纳4岁，是一位口齿非常伶俐的小姑娘。

一日，奥尔加与维纳玩时发生了激烈的争执。

"不！维纳，你不能这样做。这样做上帝会惩罚你的。"

"什么上帝，我看是你不高兴我这么做。"

奥尔加生气了，她涨红了脸，大声嚷嚷起来：

"上帝是无所不在、无所不知的，他绝不会赞成你这种行为，快住手！"

也许是小维纳较常人更早地接触到自然科学的缘故，他早已不再相信那种"靠神、靠上帝能解决一切事情"的说法。所以他立即声明："我不相信上帝！根本没有上帝，那不过是人们编出来骗你这样的傻瓜的谎话。"

奥尔加听到这些话脸都吓白了，她顾不上再与维纳吵架，赶紧跑开了。她害怕上帝会因维纳不敬的言语而用霹雳击他们。

小维纳抬头看着天空，那里还是老样子，蓝蓝的天、白白的云，没有闪电和霹雳，什么都没有发生。这下，他更怀疑上帝的存在和作用了。晚饭后，他将自己的想法试探着告诉了父亲，结果发现父亲非但没有责怪他，而且还说了一些赞扬的话。这以后小维纳更不相信神灵了。

维纳夫妇很快发现了儿子具有超常的智力，这使他们在惊喜之余还有一丝忧虑。神童的教育问题历来都有争议，方法不当甚至会弄巧成拙，使其一生都有挫折感而毁了孩子。因此维纳夫妇决定根据儿子的智力发展情况进行超前教育。他们多方努力去寻找一所适合儿子就读的学校，但终因孩子年龄太小而告吹。最后维纳教授决定自己承担起教师的责任，主要教授语言和数学。

这样，父亲成了小维纳第一位正规教师，书房成了他的第一个课堂。

父亲的书房

由于父亲的工作调动，维纳一家在他将近7周岁的时候搬到了美国东部的坎布里奇市。

20世纪初的坎布里奇还是一个具有乡村气息的城镇。这里没有现代化的摩天大厦，没有冒着浓浓黑烟的大工厂。城中的大部分街道都还是土路，一到雨季就会肮脏泥泞，难于行走……

但是，这里却有着大城市绝对没有的广阔原野，它不仅为孩子们提供了嬉戏的场地，同时也为成年人提供了休闲度假的理想场所。每到春天，茸茸的细草地上开满了黄色的蒲公英花，与远方的蓝天、白云遥相呼应；夏天，一团团、一簇簇的金凤花在阳光下向人们露出灿烂的笑脸；

秋天，浅蓝色的菊苣花铺天盖地，仿佛要与秋天的金色一争高低；冬天，雪花纷飞，大地银装素裹，一片洁白，给人圣洁神奇的感觉……

然而这一切都不是最重要的，最重要的是这里有着世界上最著名的大学之一——哈佛大学。维纳的父亲就要在此任职。

维纳的新家是在阿冯大街上的一幢略微陈旧、但很舒适的二层小楼。

像以往的家一样，维纳最喜欢的房间仍是父亲的书房。父亲当时在学术界已经小有名气，公开出版了几本书。由于他兴趣广泛、知识渊博，再加上他那从未减弱过的好奇心和求知欲，使得他的藏书五花八门、包罗万象。在书房及藏书室里，一排排大书架上分门别类地摆满了小说、诗歌、语言学著作、汉语词典、不常见的外来语法书、特洛伊和蒂恩斯的出土文物报告、科普丛书、博物学史、精神病学、电气实验论文……甚至还有欺骗人的神学书籍。维纳就像一条刚刚孵化出来的小鱼，在这片神秘的知识海洋中好奇地游弋着、吸吮着。

已有几年读书经历的维纳，几乎达到无所不读的程度。他早就不满足读梅恩·里德写的那些故事性较强的书籍，而是贪婪地阅读着他所能拿到的任何一本书，不论它是哪个专业、哪个方面的。对他来说，那些博物学家写的有关在阴暗的雨季森林里发现新奇的鸟、兽、植物的观察报告，远比任何一本童话故事有趣得多。

书真是神奇的东西，每读一本书后都会使维纳张开想象的翅膀，在科学世界里翱翔！

当他读过博物学家的探险报告后，他渴望长大后能当一名博物学家，就像与他同龄的男孩想当警察一样。虽然他当时已经模糊地知道了博物学家和探险家的黄金时代正在消失，留给下一代的只是些拾遗补缺的工作。但是，在很长一段时间里，他仍不肯放弃为这一领域献身的梦想。

读过几本关于动物学和植物学方面的书后，书中那结构复杂的有关生长及组织分布的图解，以及书中叙述的有关发现的过程，又激起了他莫大的兴趣。他开始注意周围一切与此有关的资料。他还经常到离家不远的阿加西斯博物馆考察。甚至对有关展品的介绍说明到了倒背如流的地步。一篇由专业生理学家写的，描述神经脉冲沿着神经纤维传递过程的文章，又激起了他设计类似有生命力的机器人的愿望，这种愿望萦绕在他脑海中几十年，也许这就是他后来创立控制论学说的最初动力。

初冬的一天，父亲从哈佛图书馆借回一本专门研究光学和电学的专业书。这本书里有一条电视原理深深地吸引了维纳，尽管这一原理由于磁光电管的不完善，在电视诞生之前就被淘汰掉了，但它还是激起了维纳的好奇心，这种好奇心促使他进一步阅读物理和化学方面的专业书籍，并开始自己动手做一些简单的实验。父亲不动声色地支持着他，还找来一位大学生在幼儿室里建一个小小的实验室，有烧杯、试管、酒精灯、镁、钠、硫黄……虽然设备简陋、化学药品极少，但是维纳在这里掌握了利用金属碎片和硫黄加热后制成硫化物，然后让硫化物受到醋一类物质的酸性作用，生成硫化氢的方法。维纳在那浓烈刺鼻的气味中得到了极大的满足。

在读书方面维纳表现得太"贪婪"，父亲大量的藏书似乎还不够他读，他又把目光转向了邻居。在离维纳家不远的地方，住着博歇教授，他是一位著名的数学家。博歇教授有两个与维纳年龄相仿的孩子，经常与维纳一起玩，所以维纳可以自由地出入他们的家，经常阅读他们家的藏书。再稍远的地方住着生理化学家奥托·福林教授，他的妻子是维纳母亲的朋友，这样，维纳便很容易地把奥托先生的书籍也归入到父亲书房的流动部分。

然而，随着维纳知识的增加，烦恼也悄悄地向他袭来，他的视力出现了持续衰退的现象。

"诺伯特，把头抬得高一些，离书太近了！"妈妈在旁边不时地提醒着。

"是的，妈妈。可是这样才看得清楚。"维纳小声嘀咕着。

作为8岁的孩子，维纳还不可能意识到自己的视力问题，像所有的孩子那样，他以自己的视觉情况作为视觉的准则，认为自己看不清的东西，别人也一样看不清楚，反倒觉得妈妈太多事，总打扰他读书。

父母很快就发现了问题，他们带维纳去医院看病，并配了一副近视眼镜，可这无济于事，维纳的视力还在迅速地减退。最后，医生不得不严格规定维纳在6个月内不许看书，6个月后看看视力情况，再考虑能否恢复读书的问题。

"噢！妈妈，我怎么办？我既不想放弃读书，也不想失去光明……"维纳哭叫起来。

"宝贝，安静些！情况会好的。在这期间我们可以做些别的事情，爸爸、妈妈也会读书给你听的……"妈妈抚摸着他的头，安慰着他。

在父母严密的监视下，维纳在这段时间内没有看过一页书，但这并没有影响他汲取知识的愿望，父母经常给他读他想读的书，父亲还与他在一起不用纸和笔，仅凭记忆推导数学公式，这种训练使他得到了良好的记忆力，并受益终身。

漫长的6个月终于过去了，维纳的视力也稳定下来，经医生允许，他又可以尽情地读书了，只是又重又厚的眼镜从此成了他生活的一部分。

严师慈父

　　父亲给人的感觉总是忙忙碌碌的。为了能使家里过上较富裕的日子，他除了在哈佛大学教书、搞学术研究外，还在哈佛图书馆谋得一份工作。回到家里还得为履行与出版商的合约做大量的文字工作。似乎他在家的标志就是打字机的"嗒嗒"声。然而，即便是在这种情况下，他还是决定自己承担起儿子的教育任务。

　　早在维纳四五岁的时候，他就发现了儿子的超常智力，他为儿子每一次取得的进步感到惊奇、兴奋，同时还隐约地感到担心。通常人们对神童的成就总持有怀疑态度，觉得他们终有一天会江郎才尽，会变成普通人，甚至还不如普通人……他决不允许儿子的超常智力被浪费掉，他必须尽快地行动起来。

起初他只是试探性地教维纳一些德语和数学知识，但很快他就发现儿子接受这些知识并不困难，这样，原本是试探性的临时做法成为了一项固定的教育计划。在这项计划中，数学和语言（特别是拉丁语和德语）是核心。他的目的十分明确，那就是因材施教，而不是强迫孩子前进。

维纳到了接近上学的年龄，可是他的那种不寻常的读书经历，使得他在学校里很难被安排到合适的班级里。维纳也像所有的神童一样，各方面的能力发展并不平衡。他的阅读能力远远地超出了理解能力和书写能力，许多知识读过之后懵懵懂懂并不太懂，字也写得又笨又难看。他的算术合格，但所用的计算方法不正规，他喜欢走捷径，经常用加十减一的方法来计算加九。他还喜欢掰着手指头算算术，直到老师强迫他改掉为止。经过了父母的一番努力，维纳终于被阿冯大街皮博迪小学三年级接收。

学校的生活令维纳感到新奇。宽大的操场，整齐的桌椅，都给维纳留下了极好的印象，只是望着那些比自己高出一头的同班同学，他有些不知所措。好在老师是位和蔼、博学的人，他喜欢维纳这个幼小聪明的孩子，并能容忍他那由于年龄太小而产生的诸如破坏课堂纪律等行为。

父亲很快就感觉到，三年级的课程内容还是浪费了儿子的智力，所以他多次恳求校方，最终把维纳转到了四年级。

不到7岁的维纳上了小学四年级，他的弱点暴露得比在三年级时更加明显，而四年级的老师又是一位严厉、不肯宽容别人的人，维纳一点儿都不喜欢他。现在维纳的主要问题倒是他过去的强项：算术。他对算术的理解超过了对算术的具体运算，他十分厌烦做运算练习。父亲及时地发现了这一点，并迅速做出了让维纳退学的决定，他调整教学计划，将算术改为代数，以便让维纳的想象力受到更大的挑战和刺激。

从此，每天晚饭过后，在古朴、典雅、不太宽敞的书房里，维纳和父亲面对面地坐在写字台旁，上着代数课。代数对维纳来说并不困难，但父亲的教学方法经常能触动维纳敏感、易激动的神经。通常的代数课是以父子间的讨论形式进行的。父亲用温和、谈话般的语气诱导着维纳跟着自己的思路走，他对儿子所取得的成绩从不给予明确的语言鼓励，对错误却不留情面，决不允许它存在。他的这种做法经常使得原本平和地进行着的讨论戛然停顿。

有时维纳的演算中出现了错误，但他完全没有意识到。

"什么？"一声尖锐而响亮的断喝震荡在小小的书房中，刚才还和蔼可亲的父亲一下子变得像有仇的冤家。

敏感易激动的孩子开始慌乱起来，赶紧复查自己的演算结果，用铅笔不断地涂改着……

如果改对了，讨论还会继续下去，但气氛远不如刚才那样平和。

如果仍没有改对，父亲那严厉的声音将再次震颤孩子的心灵。

"你怎么不动脑子想想，这个地方是怎么回事？逻辑上一片混乱！看你那心不在焉的样子，又想什么呢？是玩，对吧……重做一遍！"

维纳既恐慌又委屈，一边低声哭泣着，一边重新做着代数演算。在这种情况下，他几乎不可避免地又会做错，更糟的是有时还会把对的式子改得大错特错。

父亲的脾气再也按捺不住了。他会开始喊叫并使用一些十分粗暴的词汇，而这些词汇对孩子来讲，显然太重了。

"你这个白痴！没有头脑的蠢牛！你怎么可以自以为

是，不合逻辑地乱涂一气……真是个十足的傻瓜！"

这时维纳忍不住放声大哭……

幼小的维纳很快就习惯了这些责骂。好在每次上课的时间不长，这种责骂虽然常使他感到情绪紧张，但很快便能控制下来。

除了在"课堂"上发脾气，父亲在维纳心目中一直都是和蔼可亲的人，他经常带着维纳爬山、郊游，欣赏大自然的景色。他们讨论着哲学、伦理学、自然科学等基础知识，辨识着各种蘑菇和草本植物。维纳真的很难将"课堂"上那位目光严峻、发着怒吼的父亲与平时慈祥可爱、谈笑风生的父亲重合在一起。但是不管怎样，父亲的教学计划还是在这种时而平和讨论，时而急风暴雨式的争吵中，快速而平稳地进行着。

老磨坊农场

在马萨诸塞州的哈佛镇有一座老磨坊农场。它位于铁路沿线，在哈佛村与艾尔两站之间。农场约有20公顷土地。1903年维纳的父亲买下了这个地方。他准备在这里过一段将农夫和大学教授融为一体的安静的生活，并希望在这里妥善地解决儿子的中级教育问题。

这里的房子是南北战争前10年的建筑，看上去既破旧又荒凉。房子对面是一片水塘，虽然它宽不过200米，但水塘中间有个沼泽岛屿，所以看上去倒像一个小小的湖泊。水塘的右侧还有一片小树林，左侧是农场的土地，远方还有两条蜿蜒曲折的小河流过了农场的尽头。

这里除了缺少同龄的朋友，一切都令维纳感到满意。

父亲这时更忙了，他除了在哈佛大学教书和经营农场以外，又承担了在两年内将托尔斯泰的24卷著作译成英文的任务。他现在必须每天赶着马车到艾尔车站，从那儿乘去坎布里奇的火车到哈佛大学上班，一直到晚上才能回家。他能腾出教育儿子的时间变少了，只够复习功课用，他必须为儿子找到一所学校。

附近的艾尔中学愿意接受维纳，他们同意父亲的要求：让维纳自己去寻找合适的年级。其实这正是父亲决定住在老磨坊农场的动机之———城里那些严格的公立学校和费用昂贵的私立学校，都不肯做这种实验。

1903年秋天，9岁的维纳作为一名特殊的学生，走进了艾尔中学。校方原打算让他在初中各年级"游荡"一段，再解决编级问题，可是他们很快就发现，这个孩子已经学过了初中三年级的大部分课程，所以在这一年结束后，维纳转入了高中一年级。

艾尔中学的校长是劳拉·莱维特小姐，她后来在教育界很有些名气，一直从事教育工作50年，但当时她很年轻，是一位既温和又坚定的优秀学者。她的拉丁语造诣很深，她对学生的要求也远远高出一般中学的要求。

维纳跟着劳拉·莱维特小姐学拉丁语的原著，他能像比他大7岁的学生一样背诵课文，他的拉丁语即席翻译也很好。他还学习代数和几何，这些课程对他来说只是复习，轻松极了。使他感到困难的是社交，但这一点劳拉小姐早就帮他想到了，她做了许多工作让那些大孩子接受、帮助他，绝不允许他们哄笑和嘲弄他。

初冬的一个下午，艾尔中学活动室里，各年级的同学围坐在一起，用挑剔和不解的眼光注视着讲台上的发言者——维纳。

这是每隔两个星期，学校举行的一次辩论会和演讲比赛。在这一天，孩子们会背诵一些范文汇编中的片段。早在半年前，维纳就准备参加一次这样的比赛，但他不喜欢背诵别人的文章，所以他决定自己写一篇。他的文章的题目是《愚昧论》，维纳用哲学的观点来论证一切知识都是不完全的。显然，这个题目不适合此次比赛，更与维纳的年龄不相称。关于这一点维纳已从同学们懵懂的目光中明白了。是啊，这样的题目对于中学生来说是太深奥些。

可是维纳的父亲特别喜欢这篇文章，他从这里看到了儿子的未来。这次他一反常态，当面表扬了维纳，并给予了奖励——带维纳乘长途电车，到缅因州的格里纳克，在那里度过一个美好的假期。

暑假到了，维纳经常邀请好朋友弗兰克·布朗和邻近农场的两个男孩到老磨坊农场玩。弗兰克·布朗是劳拉·莱维特小姐的侄子，与维纳同岁，他的父亲是位药房老板，因此他常可以带些化学药品供维纳做实验。

一日，弗兰克又从父亲的药房偷来了化学药品，这次维纳他们决定自己制作一只爆竹。当他们按着书上写的程序一步一步地进行的时候，不知谁违反了操作程序，药品撒在了弗兰克的手背上，将弗兰克烧伤了。

十几岁男孩的想象力特别丰富，尤其是在几个人聚到一块，将智慧、知识、勇气、无知混合在一起的时候，家长们就会遭殃了。

孩子们曾经试图用一只铁皮灭蝇喷雾器制造一辆内燃机车，可是在点火的时候发生了爆炸，差点儿炸伤了自己。

他们还用维纳父亲买来的无线电器材，在维纳的指导下，做业余无线电试验，可是在这位理论与实践脱离的指导者的指导下，所有实验者都尝到了触电的滋味。

……

维纳非常想把他从书上看到的知识赋予实践中，但他后来发现，他的动手能力很差。

一晃3年过去了，维纳从艾尔中学毕业了。他非常感激中学时代的朋友们给他一个富有同情和谅解的良好环境，为他下一步进入成人社会打好了基础。

中学毕业后，维纳与家人离开了"老磨坊"。虽然他们只在那里生活了几年，但每当维纳重访"老磨坊"时都会有一种回家的感觉。在那个缺乏读书风气的时代，小镇上的人们却好学博览，他们崇尚知识、追求文明，他们互敬互爱、温和谦让，他们遵守法律但不趋炎附势……这一切都令维纳终生难忘。

少年大学生

1906年9月的一个上午，波士顿市塔夫茨学院的一个办公室里，一场特殊的考试正在进行。

四五位担任考官的教授面对着一个男孩。

"你叫什么名字，多大了？"一位教授和蔼地问道。

"我叫诺伯特·维纳，今年11岁。"男孩儿急急地答道，看上去有些紧张。

"喂！放松些，小伙子，我们只是随便聊聊。"

"好的，先生。"

"你都学过什么课程？"

"我学过代数、几何、德语、拉丁文……"

"很好！你知道恺撒是谁吗？"

"是的，先生。恺撒是生活在公元前100年至公元前44年的人，他是古罗马的将军，也是政治家和历史学家。"

"你了解欧几里得的第五公设吗？它的平行公理是怎样的？"

"欧几里得第五公设是这样表述的：两条直线被第三条直线所截，在截角之和小于180°的一端相交。它的平行公理为：过直线外一点能做且只能做一条平行线。"

教授们相互看看，似乎非常满意。

"你会做矩阵运算吗，维纳。"

"会一点儿，先生。"

教授在纸上写一道题递给维纳，维纳很快就算好了，交回了卷子。

"好极了，完全正确！"

教授们又问了一些哲学概念和著作，维纳对此一一作了回答，现在他已经完全放松了，一点儿不觉得紧张。

最后，教授们略作商议得出了结论。

"祝贺你！维纳先生，你被塔夫茨学院录取了。"

这场考试是专为维纳设置的，虽然维纳的中学成绩和入学考试都很好，但11岁的孩子上大学，这太叫人难以置信了。这在塔夫茨学院从无先例，教授们必须亲眼看看这个孩子，考查一下他各方面的能力，才能作出决定。

塔夫茨学院是一所非常好的大学，由于它离哈佛大学很近，所以很多人都误以为它是哈佛大学的一部分。

新学期开始了，这是与以往完全不同的生活。虽然在艾尔中学维纳也比同班同学小很多，但由于劳拉小姐的特殊照顾，以及有初中班的孩子一起玩，维纳并不特别惹眼。如今与整天穿着西装的人在一起，维纳显得特别与众不同，满校园里只有他还能穿着短裤跑来跑去。在同学眼里，他多少有些像"怪物"，他在社交结伴方面还是十足的孩子气，而在学习方面几乎就是个成人。尽管同学们也欢迎维纳参加他们的自由讨论，但前提是维纳不能像孩子那样大声喧哗或固执己见。维纳在校园里找不到玩伴，他感到有些孤独，他特别想念那些以往的朋友。

新的学习任务也开始了，那些教授的威严仪表与年龄，给维纳留下了深刻的印象。他还没有达到步入社会的成熟阶段，他不知应如何与下巴上长着胡子、手里拿着文明棍的教授相处，也不适合学习一些必修的英语课程。他缺少耐心，所以书写的机械动作是他的一个严重障碍，他的书写动作笨拙，省略了许多不该省略的笔画，字写得难以辨认。

但这些并不妨碍他的学习热情与兴趣。第一学期，他选修了著名希腊语教授韦德先生的课程。韦德教授是个博学多才的人。无论是一座雕像还是一种地方传说，无论在直布罗陀海峡，还是到美索不达米亚平原，他似乎对什么历史遗迹都知道。他对希腊古典文学有一种真正诗人般的共鸣，并且还有将这种共鸣传送给别人的才能，维纳在他的关于希腊艺术的讲学中，深深地体验到了这一点。韦德教授博古通今的讲演令维纳十分着迷。

物理课与化学课都是维纳喜欢的课程。他花费了许多时间做了大量的物理习题，以保证自己能正确地建立起物理学观念。在化学课程中，维纳最喜欢的是化学实验，但是，由于他手脚笨拙，眼睛又高度近视，所以他经常打碎器皿。在最后一个学年里，维纳在化学实验室里学习有机化学，每当实验室中传出打碎东西的声响时，守在门口的实验室看门人都会带着夸张的表情，伸着双臂喊道：

"上帝啊，那个穿短裤的大学生又在砸我的家什了！"

是啊！在塔夫茨学院的历届学生中，维纳在实验仪器方面所造成的损坏，恐怕是最多的。

还是在第二学年开始的时候，维纳发现生物学博物馆和实验室特别有趣，这激发了他的热情，儿时的梦想又复苏了。他与动物饲养室的管理员、看门人成了好朋友。

起初，维纳只是作为旁听生，和其他学生一起随着生物学教授兰伯特先生，到米德塞克斯瀑布等地方采集生物标本，观察教授是如何收集蛙卵、海藻和其他对生物学有用的东西。

维纳的父亲很想弄清儿子在生物学方面是否真的有前途，为此，他带着儿子拜访了自己在哈佛大学的同事、生物系的帕克教授。帕克教授试着教维纳解剖小鲛鱼，并允许他在工作台上练习。维纳满腔热情地一条一条地解剖着，但是，他的解剖做得并不特别出色，几天之后，他在工作台上发现一张便条，上面写着："此处禁止解剖鱼！"帕克教授下逐客令了。

在大学的最后一年，维纳决定做一次认真的尝试，他选修了金斯利教授讲授的"脊椎动物比较解剖学"课程。

金斯利教授是一位非常善于启发人的科学家。维纳在8岁时就读过他写的《博物史》，并被其中的内容深深地吸引了。

金斯利教授很快就发现，班上的那位少年大学生头脑灵活，善于领悟，善于将事物分门别类，对课程中的理论知识理解很快。但他的解剖工作做得太快、太草率，必须额外增加些训练。针对这种情况，金斯利教授给维纳许多爬行动物、两栖动物的头骨，看他是否能发现它们之间异体同构的秘密，可是，对这样的工作维纳还是做得太快、太毛糙，他宁愿把大部分时间用在实验室的图书馆，在那里阅读贝特森的《研究生物变种的资料》等一类的书籍，而不愿自己动手去做解剖或去分类。

然而，也有例外的时候。在上人体解剖学课的时候，书本上有一段关于如何结扎动脉和作新的缝合，以便使血液重新循环的实验记载。维纳和他的两个同学对此很感兴趣，他们背着教师跑到实验室，经维纳跟他的好朋友——看门人交涉，他们终于得到一只做试验用的豚鼠。

实验开始了。

"噢！得先给它麻醉一下，有麻药吗？对了，给它嗅一点儿乙醚吧！"维纳慌乱地说。

"从这儿切开吧！这有许多血管。"一位同学说。

"行吗？"

"问题不大！"

"好！切开，结扎上，再缝合。"

"糟了！这只动物死了。"

由于他们没能正确地将动脉与连在一起的静脉和神经分开，实验失败了。

消息传到金斯利教授那里，他大为震怒，因为这种毫无准备的活体解剖，无疑是一种屠杀，如果传到社会上一定会引起反感，从而导致实验室的这种特权被取消。他狠狠地批评了他们一顿，但由于牵头的是维纳，他还是个不谙事理的孩子，所以除此之外，他们没有受到别的惩罚。

大学时期的维纳求知欲极强，兴趣也极广。他还选学了哲学、心理学、工程学……但学得最多的还是数学。他先跟兰塞姆教授学习方程式理论，后来则主要在迪安·雷恩的指导下学习其他数学理论，迪安·雷恩的观点比兰塞姆教授更接近工程学的观点，这对后来维纳的研究工作很有帮助。

父亲仍扮演着双重角色，他对一般大学数学非常熟悉，在数学和语言等文化课方面，他依然对维纳进行着全方位的考查和辅导，他的一连串的骂人话也丝毫没有减少。

1906—1909年春天，维纳用了三年时间读完了大学课程，以优异的成绩从塔夫茨学院数学系毕业了。

成长中的烦恼

　　1909年春季的一天，塔夫茨学院的大礼堂里布满了鲜花和彩带，欢快的人们聚集在一起。这是又一届学生的毕业典礼。维纳和他的同学们身穿长袍头戴学士帽，端坐在前排座位上。

　　典礼开始了，校长缓步走上讲台，热情洋溢地做了简短的发言，他肯定了毕业生在校几年的学习成绩，赞扬了他们勤奋好学的精神，并预祝他们在今后的事业上取得成功。

　　"现在颁发毕业证书。"随着司仪的宣布，毕业生们的心跳加快了。

"威廉·怀特。"

"南希·格林。"

……

"诺伯特·维纳，你以优异的成绩从塔夫茨学院毕业了，祝贺你！"

维纳兴奋得满脸通红，他跑上讲台，从校长手里接过毕业证书，高高举过头顶……

毕业典礼上的喜悦是短暂的，接下去经常萦绕在维纳心头的是两大问题：我将来要做什么？我有成功的希望吗？维纳这么想并非自寻烦恼，现在这两大问题就摆在他面前。他虽然毕业了，但他只有14岁，这种年龄显然不适合他想干的工作，出路看来只有一个，那就是继续求学。可求学选什么专业呢？按着维纳的意愿应该选生物学，这种选择主要出自于兴趣而不是能力。熟悉他的人都劝他别这么做，后来证明他们是对的。

第二个问题对维纳的困扰更严重。从上高中的时候起，维纳已经开始意识到自己的智力早熟问题，发现自己确实比同龄孩子的理解力强，但这除了使自己更自信外，没有不好的影响。上大学以后，"神童"这一光环变得更耀眼了，除了记者们经常打扰外，教育专家、心理学家也常以维纳的早熟与受教育经历为案例进行评论，这种评论文章往往使维纳感受到潜在的压力，从而更加增添了他的孤独感。特别是维纳以优异的成绩从大学毕业，但却未被选入美国大学优秀生联谊会这一事实，使他的心头蒙上一层阴影。美国大学优秀生联谊会是由美国大学里品学兼优的学生组成的全国性组织。按维纳的理解，他的落选主要是因为成人社会对神童的怀疑，他觉得成人社会在排斥他、讨厌他，对他的未来缺少信任。这一切都使维纳感到彷徨和痛苦，在他身上有一种强烈的自负和更强烈的自卑交织在一起。

维纳决定到哈佛大学研究院学习动物学，父亲勉强同意了。这一决定部分地解决了第一个问题。维纳当时不到15岁，他准备通过几年的努力拿到生物学博士学位。

哈佛大学开学了，研究院开设的第一门课程是组织学。维纳满怀热情地在野外的池塘、河沟收集水蛭，以备组织学实验之用。然而，事情并不那么顺利，维纳的组织学学得糟透了。他的弱点再次暴露出来：手脚笨拙、视力不佳、性情急躁。他既没有对纤细的组织进行精密操作的手工技巧，也没有适当处理复杂工作所必需的条理性。他打碎玻璃仪器，弄坏解剖切片，始终学不会按照精细的操作程序来把动物杀死，或把有机组织固定、染色、浸泡和做成切片，而这一切都是一个组织学者必须掌握的。失望的阴影袭上维纳的心头。

接下来的隐花植物学与比较解剖学，维纳也都学得不太好。他靠着良好的记忆力而不去记笔记；他倾向于加快工作速度，而不求精细；他对各种思想有相当快的洞察力，但却极其缺乏动手能力。他的实验工作糟得不能再糟了，他从来没法把手工劳动加快到与思想活动相适应的速度，或者把整理思想的顺序放慢，使之符合体力的要求。难怪他周围的人都劝说他不要再研究动物学或其他一切需要观察实验的科学。

维纳以生物学为终身职业的想法很值得怀疑，父亲决不允许他再做这种没把握的尝试，根据维纳以前学习哲学的成绩，父亲要求维纳无条件地改学哲学，并帮他向康奈尔大学塞奇哲学院申请了奖学金。

学生物学的失败与改学哲学的无奈，使原本十分苦闷的维纳心情更加沉重。然而这时新的冲击又到来了。

去康奈尔大学之前，父亲带着维纳拜访了蒂利教授。在谈话中，蒂利教授偶然提到他多年以前听到的一个传闻：说早年维纳家族出过一位名叫迈莫尼迪斯的哲学家。

父亲承认听到过这个传说，并根据已经丢失了的家族材料推断，自己好像是迈莫尼迪斯的后裔。

维纳从未听过这个传说，更没听过迈莫尼迪斯这个名字，他马上去查百科全书，结果发现迈莫尼迪斯即犹太法学博士摩西·本·迈蒙，又名拉姆伯姆。他是一位定居在开罗的科尔多瓦人，苏丹·萨拉丁的大臣的私人医生，埃及犹太人的首领。他是一名伟大的亚里士多德学派的信徒，他写的《困惑者指南》是一本传世之作。

这个传说所暗示的内容使维纳极为震惊，他第一次知道自己是个犹太人。平日里他早已看惯人们对犹太人的歧视与偏见，而且这种偏见也影响着他自己，今天突然发现自己原来也是被人视为瘟疫的犹太人，这种痛苦可想而知。许多年以后，他才从这种痛苦中解脱出来，不再为自己是犹太人而怯懦和自卑。

叩击哲学之门

　　康奈尔大学虽不及哈佛大学那么有名，但在美国它也是一所老资格的大学，它创建于1865年，位于纽约西北80千米处。康奈尔大学的校园如同花园，每到春天楤梓树的鲜花盛开，那艳丽的景色，绝非其他校园能比。康奈尔的地理位置也相当优越，离学校不远有卡由加湖，师生们课余时间经常在蓝绿色的水面上轻舟泛波，学校附近还有一处美丽的瀑布，直泻的流水溅起无数的水滴，像穿起的串串珍珠在阳光下闪闪发光。

　　然而这美好的一切仍不能驱散维纳心头的阴霾。他觉得苦闷、彷徨、不知所措。因为这是他第一次独立生活，虽然他已读了大学，甚至还念了一年研究生课程，但为了使他在家庭的庇护下完成学业，他的父母随着他把家搬来搬去，父亲对他的学习更是密切监督，这使他未能养成独立自学的好习惯。维纳不懂怎样讲究仪表整洁，常常无意中说出一些不可原谅的粗鲁话和双关语，也不知道如何与比自己大十岁左右的人相处……

　　原来的烦恼加上现在的问题严重地妨碍了维纳，使他这一年的学习只得到了很一般的成绩。这种成绩显然无法再得到奖学金，因此维纳也就没必要再留在康奈尔了。

　　1911年9月，已经快17岁的维纳以哲学博士候选人的身份回到了哈佛大学。这时的哈佛大学哲学系正处于鼎盛时期，名流学者济济一堂，学术气氛相当活跃。

　　学习哲学虽并非维纳所愿，但它需要的只是阅读和思考，不必去做任何的观察或实验，这恰恰使维纳能够扬长避短，因此学习任务也完成得相对地轻松。

　　在读博士期间，对维纳影响最深的，甚至可以说影响了他的后半生的人是乔赛亚·罗伊斯教授。罗伊斯对数理逻辑学的贡献并不突出，但他使维纳初步了解了这门课程。更重要的是罗伊斯是个思维活跃、兼收并蓄的人，他所处的时代正是科学革命的初期，在指导科学认识的哲学思想中，旧的宗教源泉正在枯竭，新生的科学动力已经开始活动。在讲课中他经常向学生阐述这种思想，并暗示学生：

数理逻辑作为一门学问虽然已经很圆满了，但它潜在的应用前景将是更广泛的。尽管这时他完全不知数理逻辑会为后来出现的电子计算机提供逻辑基础。

这种既注意过去又着眼于未来的立场，在罗伊斯讲授的科学方法论中，更为显著。这门课程是以研讨班的形式开设的，维纳参加了两年，在此间他得到了非常有价值的训练。罗伊斯欢迎各式各样的知识分子参加他的研讨班，只要参加的人能按一种合理的计划进行学习，能清楚地讲出他的构思方法及相关的哲学意义。

参加研讨班的人真可谓五花八门，有火山专家，有优生学（人口学）家，有精神病专家，有物理学家，有牧师……还有像维纳一样的学生。

他们当中的一些人，特别是那些专家，在实际的研究工作中碰到一些问题，他们希望通过研讨班的学习，找到突破难关的思维方法。而这些人的到来，不仅使维纳开阔了眼界，了解了许多领域的发展状况，而且使他真正领会了哲学思想对于科学研究的意义。维纳还在这个研讨班中的一位牧师那儿学到了辩论的技巧与组织讨论的艺术。

维纳非常欣赏乔赛亚·罗伊斯的思想，他决定选择罗伊斯教授当自己的博士生导师，专攻数理逻辑，不幸的是罗伊斯患病了，他的身体情况不允许他做维纳的导师。罗伊斯推荐了塔夫茨学院的卡尔·斯密特教授来协助工作，在斯密特的建议下，维纳选择了"关于施罗德（Schroeder）的关系代数与怀特海（Whitehead）和罗素（Russell）的关系代数的比较研究"这一题目。斯密特是一位有耐心、能谅解人的教师，他有一种通过简单的教学过程，使学生的智力得到发展的能力，在他的帮助下，维纳的博士论文比较顺利地完成了。

要想拿到博士学位，除了论文答辩，维纳还必须通过两道关卡：专题考试和口试。专题考试是笔试，维纳经过认真的准备通过了笔试。但口试就不同了，它要求被考者到各位主考教授家里，面对面地回答他们所提出的所有问题，这使不善交际的维纳感到非常恐惧。

维纳父亲及时了解到儿子的畏惧心理，为了使儿子能顺利地通过口试，他每天早晨都陪儿子散步，借此保持儿子的体力，增加儿子的勇气。他们走过了许多以前没有走过的地方，并一起讨论教授们可能提出的问题和答案。

考试开始了，维纳去每一位教授家里应试。尽管每一位教授都和蔼可亲，但维纳却都因为紧张而神思恍惚，几乎是在不知所云的状态下混过的。

一日，该去伍兹教授家考希腊哲学了。按理说维纳对希腊哲学相当熟悉，从小他就跟父亲学过希腊原文柏拉图的《理想国》，这次口试应该不成问题。然而还没有走到伍兹教授家门口，维纳就心率过速，紧张得透不过气来。

"哈啰！您、您好，伍兹教授。"

"你好，维纳！请进来。"

伍兹教授看着结结巴巴、满脸通红的维纳，知道他很紧张，故意与他说些与考试无关的话。

"喝点儿什么？维纳。"

"谢谢！请给我一杯茶吧。"

"维纳，你父亲最近好吗？他在忙些什么呢？"

可是这仍然无济于事,维纳发现他几乎忘记了每一个知道的希腊语单词，以致不能解释柏拉图《理想国》一书中最简单的章节……

好在主考教授们都了解学生的恐惧心理，他们对学生的要求比学生自己更客观，更富有同情心，对于学生的反常表现，他们自然要采取补救措施，即参考平时的成绩，给出综合评分。这样维纳才艰难地通过了口试。

论文答辩的时刻到了，面对着哈佛大学的全体哲学教授，维纳仍感到紧张，但比起口试来却感觉好多了，他知道在自己答辩的这个题目上，在座的各位教授都没有自己考虑得多，因此除了胆怯和有些结巴外，表现还不错，他顺利地通过了博士论文答辩。

1913年暮春，维纳18岁，他终于获得了哲学博士学位，从而也得到了进入学术界的入场券。

剑桥之行

　　浩瀚的大海一望无际，天气是那么的好，海面上没有一丝微风吹过，海水平静得如同一面镜子，除了天海合一的蓝色，只有远洋客轮犁出的两道白色的浪花。维纳站在甲板上，望着辽阔的大海，心胸豁然开朗。是啊！童年已逝，神童的烦恼一去不复返了。至于自己的犹太出身，维纳也已释怀，因为他认识到，任何一个民族都有自己的优良传统和不足，完全没有必要为自己是犹太人这一事实而自卑。博士学位的获得，使维纳恢复了自信，他隐约地感到，自己将是成功者，而绝非失败者。眼前的旅程使维纳振奋，他真希望马上就到目的地，到达那盼望已久的去处——剑桥大学。

在哈佛的最后一年，维纳申请到了旅行奖学金，这是极其难得的机会，很少有人如此幸运，维纳激动得跳了起来。他可以在两所世界一流的大学之间选择，一所是罗素所在的剑桥大学，另一所是皮亚诺（Peano）所在的图林大学。经过考察他发现皮亚诺的全盛时代已经过去，而罗素的威望正发展到最高峰。于是他给罗素写了一封措词恳切的求学信，还寄去了自己的博士论文。罗素很快就回信了，他用热情洋溢的语言表达了对这位年轻学子的欢迎。

罗素是20世纪最有影响的哲学家之一，他的学术活动涉猎广泛，有哲学、数学、物理学、历史、政治、教育、宗教等多方面。他还是个社会活动家，积极地宣传和平、反对战争。

罗素曾用10年时间写了三大卷的《数学原理》，为数理逻辑的发展做出了卓越的贡献。特别是他所提出的"罗素悖论"震撼了数学界，使得号称天衣无缝、绝对正确的数学理论面临危机。

数学家们用了几个世纪的努力，终于建立起严密的数学理论大厦，它是那么的完美，以至于法国著名的数学家彭加勒（Poincare）在1900年的国际数学会议上自豪地宣布："现在我们可以说，完全的严格性已经达到了。"然而时隔3年，罗素抽出了这个大厦的基石，指出整个理论赖以存在的基础——集合论中的集合概念存在着矛盾。他用一个通俗的故事阐述了"罗素悖论"。

这个故事是这样的：有一个村庄，村庄里有一位理发师。一天，他在理发店门口贴了一张告示："我为本村所有不为自己刮胡子的人刮胡子！"可是回到店里后他自己却糊涂起来，他想："我自己的胡子怎么办？如果我为自己刮胡子，那么按门口告示所说的，我又不能为自己刮胡子；如果我不为自己刮胡子，那么按门口的告示，我又应该为自己刮胡子。"从此，理发师陷入了无尽的烦恼中。

罗素的发现使20世纪的数学家们紧急行动起来，纷纷提出各种方法避开矛盾，以保证基础的稳固，至少现在看来他们是做到了。

一想到就要与这么伟大的学者在一起学习生活一段时间，维纳的心情既兴奋又紧张。

经过漫长的旅行，维纳终于到了离伦敦80千米远的剑桥市，剑桥市是英国东南部的一个小城市，它位于剑河之畔，因具有历史悠久的剑桥大学而闻名于世。

维纳到达剑桥大学时，新学期还没有开始，整个校园空荡荡的，显得没有生气。在三一学院的一幢办公楼里，维纳见到了罗素教授。从外表上看，罗素教授是一位和蔼可亲的绅士。他身材细高，动作灵活，瘦瘦的脸上镶着尖尖的鼻子和薄薄的嘴唇，两只大眼睛闪露着深邃的目光，一看就知道是一位精明强干的人。罗素热情地向维纳介绍了剑桥大学的情况，帮助维纳熟悉周围的环境。

令维纳感到轻松的是他不必通过考试就可以入学了，因为哈佛大学与剑桥大学有一些关于互相培养研究生的协议。几天过去了，维纳发现这儿的生活有点儿像艾尔中学和"老磨坊"，只是没有乡绅和牧师。校园中美丽迷人的建筑物和郁郁葱葱的花草树木，都使他感到亲切，有似曾相识的感觉。

在跟随罗素学习的过程中，维纳发现自己的博士论文几乎漏掉了罗素观点中所有具有哲学意义的地方，他为此感到惭愧。他第一次充分认识到关系的逻辑理论以及它所代表的深刻的哲学思想，并将自己的体会写成论文公开发表。虽然这篇论文没有得到罗素的特别赞许，也没有在学术界造成多大的反响，可它能将关系的理论简化的理论，因此在数理逻辑领域中占有永久的一席之地。

罗素在为维纳安排课程计划的时候，向他提了一个很好的建议：选读一些数学理论，因为专攻数理逻辑和数学哲学的人应该懂一些数学。这是一个使维纳受益终身的建议，正是由于这个建议，使维纳在后来有可能成为数学家。维纳选读了许多世界著名数学家讲的课程，如贝克、利特伍德、默塞尔、哈迪（Hardy）等教授的课程，在这些人中，对维纳影响最大的是哈迪，他特别重视逻辑推理的严谨性，课也讲得清晰、有趣，发人深省。

哈迪是英国人，他当时还很年轻，以至于维纳初次与他相见时误以为他是罗素的学生。哈迪的经历与维纳多少有些相似，他13岁时获得奖学金，进入被称为数学家摇篮的温切斯特学院学习。19岁时考入剑桥大学三一学院继续深造。起初，他受到的是按部就班的常规训练，但他的智力情况使他厌烦这种相对缓慢的学习，他试探着调换年级，结果他的请求被批准了。两年后在数学学位的考试中他获得了最好的成绩。1900年他被选为三一学院的研究员，开始与罗素共事。哈迪不仅是卓越的数学家，还是优秀的数学教育家，他培养了许多优秀的数学人才，如印度奇才拉马努金、中国数学家华罗庚等人。他是英国皇家学会的会员，同时还是巴黎科学院的外籍院士，世界上获此殊荣的仅有10人。

维纳不仅从哈迪那里得到了良好的数学训练，而且还与哈迪建立起深厚的友谊。

第二学期伊始，罗素接受了哈佛大学的邀请将前往哈佛，维纳又面临着新的选择。在罗素的建议下，维纳决定去德国的哥廷根大学，跟希尔伯特和兰道学习数学，跟胡塞尔学习哲学，以完成自己后半学年的学业。

在哥廷根大学期间，维纳对所学的哲学印象不深，因为他的德语水平远没达到能听懂哲学语言微妙之处的程度。他与哲学家的接触也令自己不满意，他发现自己没有善于处理抽象问题的哲学家的头脑，但与数学家的接触却使他受益匪浅。

希尔伯特是20世纪最后一位全才数学家，他的研究领域几乎触及数学的各个分支。在1900年巴黎召开的第二次国际数学家会议上，他做了题为《数学问题》的演讲，提出了23个尚待解决的数学问题，为数学家们打开了通向未来的大门，使他们隐约地看到未来数学的前景。希尔伯特幼时智力并不出众，他的记忆力很差，理解力也不很好，用他自己的话说是个笨孩子。但是他勤奋好学，校长在他的高中毕业证书中写道："他的勤奋堪称模范，对数学理解透彻，并能灵活地运用它。"希尔伯特在数学的许多领域里都做出了卓越的贡献，为此他得到了1910年的波尔约奖，这是为过去25年中对数学贡献最大的数学家颁发的专项奖。希尔伯特为人正直，求知欲极强。他毕生的信条为：我们必须知道，我们必将知道。

维纳除了与希尔伯特教授学习微分方程外，还参加由希尔伯特亲自主持的数学学会的讨论。这个学会是由教授们和研究生组成的，讨论时不论长幼尊卑，大家一样地发言，气氛热烈、自由，触及的问题深刻。

在哥廷根期间，维纳不仅学会了如何集中精力和热情投身到专业研究中去，而且还认识到："数学不仅是在书房中学习的一个学科，而且是必须加以讨论，并将自己的生命投入其中的一个学科。"维纳初步找到了他的研究方向——数学领域。

尽管维纳希望继续留在欧洲与各位大师们一起学习并从事研究工作，尽管哈佛大学又批给他一年的旅行奖学金。但是萨拉热窝暗杀事件预示着第一次世界大战的风暴即将来临，而英、德两国又是参战的敌对国，维纳不得不忍痛决定返回美国。就在他搭乘"辛辛那提号"客轮开往波士顿的途中，德、英宣战，电台关闭，轮船在与外界失去联系的情况下，行驶在波涛汹涌的茫茫大海中，人们的心一次又一次地悬起，担心随时可能出现的危险。幸好这次旅行有惊无险，客轮按时到达波士顿。然而"辛辛那提号"并不总是幸运的，它最终仍没有逃脱被德国潜艇击沉的噩运。

年轻的数学家

在宽敞明亮的体育馆里，两个身穿摔跤服的人正在较量，相形之下，一位身材略高但很灵活，而另一位灵活欠佳，却凭借着笨重的身躯顽强地支撑着、支撑着……汗水顺着面颊一滴一滴流下来，额上的青筋一根根地暴起。周围几个观战的人忍不住为笨拙者加起油来："维纳，坚持住，加把劲儿！"

这不是一场正式的比赛，甚至不算是一场比赛，只不过是一位摔跤教练在指导一名初学者。初学者的身上已有多处的肿块和擦伤，但仍热情不减，一次又一次地跌倒、爬起、冲上去。

从欧洲归来的维纳无论在学术上，还是在体魄上都已经成熟起来。现在的他不仅学业有成，在数理逻辑领域里初露锋芒，而且身体也健硕了。连一向把他当孩子看的父亲，也开始尊重他，将他当成年人看待。维纳不满足于现状，他不愿只做书斋里的学者，他要全面发展。

　　在业余爱好方面，维纳除了利用假期去参加徒步长途旅行或登山活动外，现在又增加了一项新的体育项目——摔跤。选择这项活动倒不是因为他特别喜欢或善于摔跤，而是考虑到这个项目允许患高度近视的人参加。更何况他有强壮的身体、超常的体重及特别发达的肩膀，使得一些训练有素的摔跤运动员，也要花费一定的时间和力气才能摔倒他。他自己则从这种体力与技能的较量中，得到一种成功的满足。

　　是啊，搞学术研究其实和竞技场上的拼搏一样，只不过前者是一种智力上的较量。维纳暗自下定决心：

　　"我一定要在学术界站住脚，获得一席之地！"

　　但回到美国的维纳在事业上并不如意，在哈佛大学哲学系做过一年助教后就被解聘了。当时数理逻辑还是一门新兴的学科，人们还未能看到它的应用前景，因此无论是哲学界还是数学界都没有注意到维纳这位新秀。维纳只好又一次采纳父亲的建议重遁数学之门，只身一人去缅因州奥罗诺的缅因大学任数学讲师。

缅因大学是一所不出名的小学校，与哈佛、剑桥等大学比起来，它几乎没有什么学术气氛，学生们喜欢足球胜于科学，教师要么在此混日子，要么把这儿当成中转站。维纳极不适应这儿的生活，尤其是学生们的恶作剧，使他这位只比学生大几岁的年轻教师不知所措。一年之后他离开了缅因大学，先后当过见习工程师、编辑、准士兵（在军队工作但不是服兵役）。

战争结束了，维纳打起背包从军队转业回家，一路上他兴高采烈地与同伴说着、笑着，憧憬着今后的生活。

一进家门，维纳就觉得不对，这里不但没有喜悦，反倒被一种浓浓的悲哀笼罩着。父母不断叹息着，妹妹康斯坦斯面容憔悴、两眼红肿。

望着维纳询问的目光，父亲用低沉的声音说："格林死了，死于前两天的流行感冒。"

维纳瞪大眼睛，吃惊地说："什么？不可能，你们一定弄错了！"

他不能想象像格林那么健壮的小伙子会被一场流感夺去生命，然而不幸的是这是事实。

格林是妹妹康斯坦斯的未婚夫，也是维纳的挚友，他和蔼谦虚、一表人才，是一位讨人喜欢的年轻人。格林是哈佛大学数学系的讲师，虽然很年轻，但在几何学的研究领域很有影响，他当时正处于学术研究的巅峰，因此他的去世不仅对维纳家是个损失，而且对数学界也是一个损失。

　　格林的父母把格林的数学书送给了康斯坦斯，因为是她使格林尝到了爱情的甜蜜，而且康斯坦斯也是学数学的，这些书对她有用。康斯坦斯到芝加哥去了，她希望能在工作中忘却失去格林的痛苦。她没勇气翻看格林读过的书，所以把它们留在了家里。

　　这真是悲痛中的机遇，还没找到工作的维纳开始读这些书。虽然他已听过许多世界一流数学家讲的课，了解了许多现代数学的内容，但这一次他才真正地以数学家的头脑理解了现代数学。难怪有人说，他是智力上的早熟者，数学中的晚熟者。

　　在维纳24岁的时候，父亲的朋友哈佛大学数学系的奥斯古德教授，将维纳介绍给马萨诸塞理工学院数学系，帮他在那里谋得一个教师的职位。从此，维纳的事业出现了转机。

马萨诸塞理工学院当时只是一所工科学校，数学在这里只不过是完成教学的一个工具，并不受重视。数学系的教师也都是一些名不见经传的年轻人，但是他们勤奋好学、积极向上，对马萨诸塞理工学院有朝一日跻身于哈佛大学、普林斯顿大学之列，成为美国一个有成就的数学中心抱有一线希望。这种气氛太适合维纳了，他很快就融入了这个集体，再也没离开。

受理工学院的工程师们影响，维纳对物理中的数学愈来愈感兴趣，他不再沉湎在纯粹数学领域而转向应用数学领域。

一日，维纳站在办公室的窗前俯瞰着查尔斯河。变幻无常的河水在阳光下波光粼粼，奔腾不息的水流时而腾空飞起，浪花四溅，时而温顺平滑，变成依稀可见的涟漪。波浪有时短至几寸，有时又高达几尺……大自然绘制出的图景那么令人赏心悦目，然而看上去又是杂乱无章的。能否用数学语言来描述大自然的这种复杂性呢？维纳陷入了沉思。

是啊，数学家的使命就是从无序中发现有序。眼前的波浪问题显然是个求平均值和统计的问题，但用经典的方法是行不通的……对了！自己现在正在研究的勒贝格积分不是可以为这个问题提供一个描述的工具吗？！维纳觉得眼前一亮，突然明白自己正在探索的数学是可以作为描述自然界的工具的。

湍流问题（上面说的问题）太复杂了，维纳决定从自己熟悉的布朗运动入手。布朗运动是英国植物学家布朗发现的悬浮在液体或气体中的微粒所做的永不停止的无规则运动。在剑桥时，维纳曾在罗素的建议下认真地研究过爱因斯坦等人的论文。作为物理学家们的研究对象，布朗运动毫无新奇之处，但是物理学家们只是给出了关于任一给定微粒在一特定时刻的行为或许多微粒的长时间的统计，而没有涉及单个微粒所遵循的曲线的数学性质。

维纳将布朗运动理想化，假设这些分子在大小上无限小，而且它们之间的碰撞是连续的。他惊喜地发现这种理想化的布朗运动不仅是真实布朗运动自然性质的绝妙代表，而且由此可获得一个高度完美的形式理论。这个理论能证实法国物理学家佩兰（Jean．Baptiste Perrin）的猜想，还能证明除了零概率集外，一切布朗运动都是连续的、不可微分的曲线。

这一成果对于概率论是极富成效的。它不仅给老问题注入了新生命，更重要的是开辟了崭新的研究领域，揭示了概率论和其他数学分支之间的关系。

对于这一选题维纳发表了一系列的论文，接着他又在位势理论、广义调和分析等方面做了大量的工作，得到了许多重要的结果，并受到了法国著名数学家莫里斯·弗雷歇（Rene Maurice Frechet）和老师哈代的称赞。

通过几年的努力，维纳终于在数学界站住脚跟，成为名副其实的数学家。

如果从维纳的选题都是来自于物理学或工程学这一点看，维纳是一个地地道道的应用数学家，但他所受到的严格训练，使得他总是把他的理论纳入严格的数学框架，其结果导致这些理论的应用价值过了很久才被发现，这无疑遮掩了他作为数学新星的光辉。

"疯子"们的聚会

坎布里奇，哈佛大学医学院内日德毕尔特餐厅。

一楼雅座宽敞明亮、舒适安静，两位身穿制服的侍者在门旁垂手而立，随时准备听从客人的召唤。

一群西装笔挺的绅士正在这里用餐，他们围坐在圆桌旁，一边吃着一边轻声地交谈着，举手投足都显得文雅有礼，整个房间充满了一种友好祥和的气氛。

然而，就在侍者刚刚撤去餐具不久，一位绅士急忙站起来宣读了自己的论文。这时房间里的气氛变得紧张起来，犹如夏日的天气，刚才还风和日丽，突然间就惊雷四起，大雨滂沱。人群激动起来，你一言我一语地"围攻"发言者，发言者也不退让，极力辩解着。一会儿，反对者中的观点又出现了分歧，一场"混战"开始了，有人为了引起别人的注意嗓门越提越高，几位年轻人甚至抢着爬上桌子大喊大叫，就像精神病院跑出的疯子，真是斯文扫地，全无半点学者风度。

侍者对此见怪不怪，对待这群"疯子"，他只能无奈地苦笑着。这种场面在近一两年里几乎每隔一个月就有一次，他知道他没有什么可担心的，最后这群"疯子"会像什么都没有发生一样互相握手道别，并约好下次发"疯"的时间。

原来这是由罗森勃吕特博士举办的、不列入哈佛教学计划的科学方法论讨论会。一般情况下每月举办一次，参加的人都是自愿的。他们当中有生理学家、数理逻辑学家、计算机设计专家、心理学家、数学家、物理学家、电工学家、工程师、医生……会议以聚餐形式开始，谈话方式是活泼的、无拘无束的。这里没有长幼之分，没有尊卑的界限，大家都是平等相待。饭后，要么是这个集体中的某人宣读论文，要么是邀请来的客人宣讲某个科学问题。但内容主要限制在科学方法论方面。任何宣讲者都要受到一通尖锐批评的夹击，批评都是善意的，然而措词又是尖刻、毫不客气的，因此"混战"常常发生，经受不住这种考验的人，也就不会有下次了。维纳是这个讨论班的长期参加者，他特别喜欢这种畅所欲言能产生思维共振的方式。

这时的维纳已经将近40岁，他参加过多次世界数学会议，有了许多数学成就，是位被国际数学界承认的青年数学家。正当维纳为自己的合作者——英国数学家佩莱因滑雪事故死于非命而悲痛万分时，朋友们为他介绍了墨西哥生理学家阿梯罗·罗森勃吕特（A．Rosenblueth）博士，这种相识使维纳逐渐摆脱了因佩莱去世而带来的失落感。

罗森勃吕特当时是哈佛大学生理学家沃尔特·坎农的得力助手，他中等身材，结实健壮，行动敏捷，说话急促，思考问题时总喜欢在房间快步踱来踱去。虽然他只有八分之一的墨西哥血统，但看上去却像个地地道道的墨西哥人。后来维纳还发现罗森勃吕特多才多艺，而且每门技艺都几乎达到精深程度。他弹古典钢琴的技艺可媲美钢琴师。他下国际象棋和打桥牌的水平，使他在业余爱好者中很难找到对手。

维纳与罗森勃吕特相处得很好，他们的共同特点是对科学方法论都具有强烈的兴趣，他们认为各学科之间的划分，只是便于资金和人力分配的行政措施，而一个从事实际工作的科学家，只要研究需要就应该打破这种划分。搞科学研究应该协同努力，这种共同的志向使他们合作了20多年。

在被外人视为"疯子"聚会的讨论班上，维纳和罗森勃吕特阐述了这种观点，与会的科学家们经过广泛的讨论，最后他们一致认为：现代科学技术的发展，一方面，专家们在愈来愈狭窄的领域内进行着的事业，一些科学家沦为狭隘分工的奴隶；另一方面，又出现了各门学科相互交叉走向综合的趋势，提出了许多需要各门学科共同研究的问题，这与原有的狭隘专业分工发生了尖锐的矛盾。因此，只有打破原来的狭隘专业分工的界限，集合一批既是自己领域的专家，又对邻近领域十分熟悉的科学家，到未被开垦的科学处女地去勘察、开垦和耕耘，这样才能在科学上获得最大的成就。

后来的事实表明，这群"疯子"们寻找到的方向是正确的，他们分别在不同的领域里获得了巨大的成功。维纳创立了控制论，冯·诺伊曼（Von Neumann）成为博弈论的奠基人和二进制电子计算机的创始人之一，别格罗和戈德斯汀都是电子计算机设计的最早参加者，麦克卡洛和匹茨成为神经控制论和人工智能的奠基人，罗森勃吕特则是控制论和人工智能的开拓者之一……

这种方法论讨论的聚会举办了很久，后来在罗森勃吕特回到墨西哥之后，维纳仍与罗森勃吕特分别在马萨诸塞理工学院和墨西哥国立心脏学研究所单独地举行类似的会议，并极力恢复当年的那种"疯"劲儿。参加过这种聚会的人无不称赞它，它使这些人对科学哲学产生了兴趣，并接触到非常具体的思想和研究方法。讨论会成员在科学研究方面获得的成功，使得讨论会在科学界树立起极高的声誉。

与中国人民的友谊

　　1934年早春，大地刚刚复苏，光秃秃的树枝才有几分弹性。维纳收到了一封远方的来信，它寄自东方一个古老的国度——中国，写信人是清华大学的梅贻琦校长和清华大学工学院院长兼电机系主任顾毓琇教授，他们以校方的名义诚恳地邀请维纳去清华大学做客座教授。虽然维纳对当时中国局势的稳定性心存疑虑，对长途旅行是否安全有疑问。但中国的吸引力太大了，他无法抗拒，从接到邀请信那一刻起，他就迫切地想尽早动身。

　　现在维纳已是有妻室的人了。8年前，维纳在一次家庭舞会上认识了学语言的大学生玛格丽特·英格曼，她是一位品行优良、聪明美丽的姑娘，14岁时跟着孀居的母亲和弟弟从德国侨迁到美国，维纳与她相爱了。维纳的父母很喜欢玛格丽特，所以很快就促成了这段姻缘。维纳夫妇婚后的生活是极其幸福的。玛格丽特给了维纳一切可能的关怀和体贴，并在社交活动中给了维纳应有的补充，使他能够一心一意地从事科研活动。后来温馨的家中还添了两个女儿，佩吉和巴巴拉，维纳很珍爱她们。

　　玛格丽特对中国之行也充满激情，他们决定接受邀请，携家同去。

　　也许由于自己是犹太人，从小就饱尝了受人歧视的滋味，维纳的父亲没有任何种族的偏见，他不认为哪个民族生来就高人一等，他鄙视美国社会中所存在的那种认为犹太人贪婪、爱尔兰人顽固、黑人懒惰等世俗的看法，他认为任何一个民族都有自己的长处与弊端，没有高低贵贱之分，一个人的成功与否与他的民族出身无关，关键在于他后天的努力。他的这种思想深深地影响了家人，在维纳还不知道自己的犹太人出身时，就已经继承了父亲的这种思想。尤其是当他目睹了美国科学从一开始褊狭地照搬欧洲科学，到后来获得了自主并且具有相当重要的地位这一过程，使他更加坚信：知识世界是一个整体，每个国家不管它的地位怎样崇高，都只不过是这个世界的一个地区。在美国发生的事情也会发生在任何国家，或者至少是任何已在行动上表现出渴求知识和文化革新的国家。他渴望亲眼看看那些非欧国家，通过直接考察他们的生活方式和思维特点，体验那里的伟大文化。

　　望着窗外冰雪消融的景象，维纳的思绪禁不住飞往大洋彼岸的中国："从地图册看北平（北京）与这里的纬度差不多，北平大概也到了冰雪消融、大地回春的时候了吧。那儿的人我大概不会陌生，我从小就有中国朋友，他们的音容笑貌我都熟悉，特别是李郁荣博士，我们不仅是好朋友，而且还是科学研究中的密切合作者，这次来自中国的邀请无疑就是他发起的。"

　　"记得当年遇见李的情景很有趣。一个朋友在贝尔电话实验室找到了一件有关电路分析方面的暑期工作，这激发了我另辟蹊径利用傅立叶级数研究这一领域的设想。由于我对电气工程方面不熟，需要找个谙于此道的助手，朋友万尼瓦尔·布什向我推荐了正在美国学习的李郁荣。"

　　"李从一开始就以他稳重和善于判断的研究精神给我的研究工作提供了很大的帮助。最初我设想的可调的校正网络虽然是可行的，但要花费大量的零件，而李以他的才智很快就发现同一个零件能够同时完成几种功能，这样他就把一个庞杂松散的装置改造成为一个设计精巧而又经济的网络。同样是李为我们的发明申请了专利并寻找到了买主，尽管贝尔实验室只是害怕竞争而买下了它，并把它束之高阁，但我们两人的合作相当成功。"

"遗憾的是我为李在美国电气工程业谋取一个职位的种种努力都归于失败，当时美国启用的东方工程师简直是凤毛麟角，在推荐中所遇到的阻力远非是一个大学教授或数学家所能克服的。要不然李恐怕已在美国的电气工程业崭露头角了。"

"李决定回去报效祖国，刚开始，他在工业界，但他很快发现不适应政界与商界的不诚实，所以又转入学术界，被清华大学聘为电气工程学教授……"

一想到就要与李郁荣博士重逢，中断了几年的合作又可以继续下去，维纳的心情好极了，他真想跑到马路上大喊一声：

"我要去中国啦！"

夏日悄悄地来临，成行的日子终于到来了。维纳一家四口登上去日本的客轮，准备取道日本先去看看老朋友池原君，再从那儿转船去中国。

旅程是漫长的，终于有一天看到了从低洼泥泞的海岸驶出的渔船，乘客们知道终点站要到了。轮船被引入了塘沽火车站附近的码头，中国海关官员走上来执行公务，他们彬彬有礼，处处显示了礼仪之邦的好客。当问明了维纳一家的身份后，他们微笑着说："欢迎您，维纳博士！您的朋友李郁荣博士正在岸上等您。"听到这话，维纳跳起来就往船下跑，他太急于见到这位中国朋友了。玛格丽特不得不大声喊："亲爱的，等一等我们！还得拿上行李！"

　　生活上的事情已被校方和李博士一家安排得井井有条。女儿们在附近的燕京大学附属英语小学读书，在维纳夫妇的要求下，李博士还为他们一家请了一位中文教师——一位穿长袍的老绅士，他几乎不懂英语，但他选用一本英语教科书作为教材，这样他就能很方便地进行口语教学了。真是一位聪明的老人家。

　　维纳除了在数学系讲授数学课和在机电系讲授电气工程理论外，大部分时间都与李郁荣博士继续研究电路设计问题。他们试图制造模拟计算机，不过他们想通过电路设计使之达到高速度，而不是像已经有人做的那样，利用机械的轴和积分器而得到的那种比较低的速度。这个原理是非常正确的，事实上后来的电子计算机的诞生就是运用这样的原理，但当时他们除了思想之外一无所获，因为这涉及一些当时不能恰当处理的技术问题，其中最关键的是设计一种装置，其输出部分再作为一个新的输入，反馈至该过程的开始处。他们给这种装置起了一个名字——反馈机构。

反馈是工程技术领域中的一个概念，最初是由美国贝尔电话实验室的哈罗德·布朗克在20世纪20年代提出来的。原意是把电子系统的输出讯号的全量或部分量回输到本电子系统的输入端。现在维纳只是借用了这个概念，朦朦胧胧地感到这是问题的症结，这种思考断断续续地进行了10年，直到创立了控制论。

在数学系，维纳主要教广义调和分析。清华大学授课都用英语，因此教学过程中没有语言方面的障碍，他非常喜欢这些中国学生，他们聪明好学，不怕吃苦，后来他们有许多人都从事纯粹数学或者电气工程研究，广泛分布在美国和中国的各个大学里，维纳为此感到骄傲。

北平在维纳眼里既富有魅力，又肮脏贫穷。那高高低低的胡同看上去好像从一个贫民窟通向另一个贫民窟，但那里的朱红色的月洞门常常又把人引向小巧玲珑的另一处天地，一个个风雅优美的亭台楼阁围着庭园和花园像变魔术似的一会儿出现，一会儿又消失……所有这些都令维纳赞叹不已。他爱北平，他爱中国。

维纳的正义感使他对那些侵略中国的帝国主义者恨之入骨，当他去天津办事，看到那些外国租界将天津瓜分得犹如不同国家的大杂烩一样，感到由衷的痛心，特别是看到日本士兵闯入中国人群横行霸道时，他真恨不得挥拳上去痛揍他们一顿。

维纳钦佩自己的学生，他们不畏强暴，上街游行示威，抗议日本侵略中国和国民党政府的苟且偷安。当被铁栅栏门阻挡时，一位平时娇弱的姑娘竟然从门下滚过去打开了铁门。在城里腐败无能的国民政府利用棍棒和水龙带对付手无寸铁的学生，医院和监狱都人满为患……

维纳同情他的学生们、支持他们，但又觉得力不从心，他是那么的无奈。

"我决不能袖手旁观！"维纳暗自下定了决心，"一定要为中国人民做些什么！"

回国后，维纳登上了他从未涉足的讲演台，呼吁美国人民和政府支持中国人民正义的斗争，他成功地从民间筹集到大量的财物，以实际行动给中国人民以真诚的帮助。

战争中的思考

　　战争的阴云笼罩着世界，亚洲、欧洲迅速燃起的战火，使得还未参战的美国人人人自危。人们爱好和平，人们又不畏强暴，这促使一切有正义感的善良人去思考、去行动：我该为结束这场战争做些什么？我能为爱好和平的人们做些什么？

　　维纳离开中国的直接动机是去参加挪威的奥斯陆国际会议，他原来打算在短时期内重新访问中国，然而卢沟桥的枪声击碎了他的梦想，使他再没有机会重访中国。这时的维纳已是国际上知名的数学家，早在1933年，他就获得了美国数学会颁发的博克（Bocher）奖，他还被选进国家科学院，并担任了美国数学学会的副主席，只是由于他不喜欢行政事务，才没有被选为主席。在国际上他的名气比在国内大，他的许多早期工作都是首先在欧洲得到承认的。

面对战争气氛日益浓郁的国际形势，维纳觉得心乱如麻。他刚从中国和欧洲归来，刚刚领略了那里的锦绣江山和伟大的文化，刚刚离开那些可敬的朋友，可是……

"李不知现在怎么样了，听说卢沟桥事件爆发时，李正与夫人在上海访友，结果一夜之间就失去了家园和工作，只能靠自己的业余爱好画画勉强糊口。我该怎样与他联系，怎样将他救出？"维纳坐在桌旁沉思着。

天渐渐地黑了，维纳仍坐在那里没动，也不去开灯，他觉得烦闷。科学家的良知让他不能坐视异国朋友所遭遇的灾难，不能容忍法西斯们的胡作非为！他头脑中不断盘旋着一个声音："一定要为朋友，为早日结束战争做点儿什么！"但做什么呢？参军入伍显然是不行的，自己的高度近视，在年轻力壮时军队都不要，更何况现在已经40多岁，笨手笨脚的。对了，在二十几年前的第一次世界大战期间，我不是在阿伯丁弹道实验室工作过吗，那时的工作虽然只是通过计算为大炮和轻武器制定射击表，给出武器的射程及在枪炮射角、火药量和弹头重量等方面的有关常数。但由此得到的锻炼远远超过了单纯的弹道问题。还有，自己和李在北平的工作不就是将计算技术应用于电气工程上吗？这次的战争一定还会碰到计算速度上的问题，我何不从战争的需要出发进行科学研究，以此来支持正义之师，为早日打败法西斯、恢复世界的和平尽一份微薄之力呢。想到这里，维纳觉得豁然开朗，他站起身来，深深地吸了一口气，喃喃自语道："啊，感觉好多了，就这么办！"

为了解决快速数值计算问题，维纳把注意力部分地转移到利用微分分析机处理偏微分方程上。他的好朋友布什博士设计的微分分析机能够很好地处理常微分方程，他希望能与布什合作改进这台计算机，使它的运算速度更快。受贝尔电话公司制造的一种数字计算机的启发，维纳认识到：阿拉伯记数法给予数字10以一种人为的地位，它仅仅为习惯上证明是合理的，并不是算术真正基础的重要部分。不用把一个数写成那么多的一、那么多的十、那么多的百……照样可容易地把一个整数写成二、四、六、八等等的和。在这种情况下，用不着习惯计数法0—9这十个数，而只需要0和1这两个数。显然，二进位制比十进位制更适合算术的机械化。

维纳将自己的想法告诉了布什，并建议他采用电子线路执行计算操作。遗憾的是布什并没有采纳这些建议。他认为维纳的某些想法虽然有可取之处，但那是遥远的事情，与眼前的第二次世界大战毫无关系，况且他不敢对维纳设想的装置评价太高，谁都知道维纳不是工程师，从未将任何两个部件装在一起，也从未达到实际制造机器的水平。这种仅靠着发达的大脑思考出来的东西，他不愿去尝试。

没有布什的合作，维纳只好放弃这一选题，令他欣慰的是十年之后，他的这一设想实现了，这无疑证明他的思想是正确的。

一项新的较前一个任务更紧迫的问题摆在科学家们的面前。二战初期，德军的空中优势与英国的防御地位，使科学家们不得不把注意力转移到改进防空武器上来。飞机的速度越来越快，所有古老的火力瞄准方法都变得陈旧无用。飞机和从前遇到的所有射击目标都不一样，它的飞行速度几乎与要击落它的炮弹的速度一样快，因此在利用大炮射击飞机时，射手不是去瞄准目标，而是要使炮弹与飞机在未来的某个时刻同时到达空间的某处。因此必须寻找到某种预测飞机未来位置的方法。

通过认真的分析，维纳认为这个问题值得研究，这实际上只是个飞行曲线的预测问题。

解决这个问题的最简单的方法就是把飞机当时的航线沿着一条直线外推。有许多理由可以证明这种方法的可行性，如飞机在飞行中拐弯越多，它的有效速度就越小，它完成飞行任务的时间就越少，它留在危险区域里的时间就越长。因此，在其他条件都相同的情况下，飞机要尽可能地沿直线飞行。但当高射炮打响了第一颗炮弹后，条件变化了，飞行员要做回避动作。如果飞行员的动作是完全随意的，他就有足够多的机会在炮弹到达之前来掩饰他所希望到达的位置，这样，除非运用密集的防御高射炮，否则很难预测到飞机的位置，进而击中它。幸好飞行员的动作不是完全随意的，在高速飞行的飞机中，任何过急地偏离原来航线的动作都会产生极大的加速度，这种加速度不仅会使飞行员失去知觉，而且可能发生造成飞机解体的惨剧。再有飞行员只能用转动飞机的操纵面的方法来操纵飞机。转变到新的飞行状态需要一段时间，即使操纵面转到新位置，也只能改变飞机的加速度，这种加速度的最终效果还必须通过先改变速度，再改变位置的方式来实现。另外，一个飞行员在紧张的战斗中，很难进行十分复杂和自如的随意活动，一般总是习惯于按照平时训练的防御要领操作，这就使得飞行曲线的预测工作有可能完成。预测一条曲线的未来就是对曲线的过去进行某种运算。有些预测算符可以运用某些装置来对它进行模拟，维纳想制造的就是这种装置。

维纳的选题——研制高射炮自动控制设置很快得到了政府的支持，被列入战时政府项目，并且还给他派来一位合作者朱利安·比奇洛。

朱利安·比奇洛是一位年轻有为的工程师，他性格温和、聪明能干，是个非常好的助手，从这时候起他与维纳进行了长期愉快的合作。他的唯一恶癖是过分讲究科学的纯洁，过分追求至善至美，这使他对自己所得到的研究结果从未满意过。

比奇洛有一种知难而上的精神，他喜欢在克服困难的过程中得到的乐趣，为此他不惜为自己设置困难——驾驶了许多又旧又破的汽车。作为一名优秀的工程师，他永远不会满足一辆运行正常的汽车，要么尝试着制造一辆特优汽车，要么将一辆以驾驶者的标准早该在几年前报废的汽车安全开动起来，他总是寻找各种机会施展自己的才能。

与这样的人合作维纳感到如虎添翼，研究工作进展得很顺利。

维纳已经是第二次从事研究一种用来代替人类特殊功能的机械电学系统了。第一次是在北平与李郁荣博士的合作，目的是实现复杂的计算；第二次的目的是预测未来。现在维纳再也无法回避讨论怎样来执行某些人类功能的问题。在任何火力控制系统中，都要有人的随意活动，如炮手的瞄准、射击动作与飞机驾驶员的回避动作。随意活动是生理学中经常使用的名词，它指经过大脑皮层反射的、有意识的活动。这显然已经超出了工程学或数学研究的范围。

通过认真的研究后，维纳与比奇洛一致认为：随意活动中的一个极端重要的因素就是控制工程师们所谓的反馈作用。反馈有两种形式，正反馈与负反馈。正反馈是朝增大目标差的方向发展的（如无线电中的信号放大）；负反馈则朝减少目标差的方向发展。高射炮控制系统中的反馈就是负反馈控制。

接下来他们又考虑了在没有精确数据的情况下进行预测的问题。他们发现控制工程与通信工程的问题是不能区分开的，这里的关键不在于表面的电工技术，而在于更为基本的消息概念……

　　问题一个接一个地出现，涉及的领域越来越多，这些问题有些解决了，有些遗留下来了，最后他们根据高射炮控制实际是一种反馈环的原理，设计出一种装置。由于无法找出辅反馈环的特征，所以这台设备实质上是很粗糙的，甚至无法投入使用。但是，在研制这台设备中产生的思想是极为有用的，许多其他领域的人都热切地汲取他们的思想，尤其在消除实验观察误差方面，他们给出了行之有效的方法。因此在项目完成之后，他们没有被要求去继续完善他们的设备，而是被要求写一本关于时间序列、外推和内插的书，这是一本计算方法方面的教科书，也是一本相当著名的教科书，它不仅在战时为高射炮设计师广为使用，而且也为电气通讯工程师广泛使用。战后还被要求增补了修订版。

　　比奇洛在科学研究方面过分追求至善至美的特点，使他对自己的工作十分不满，但维纳却以他科学家的洞察力敏感地意识到，在科学的版图上，一块处女地就要被开垦了……

携手攻关

　　战争还在继续，随着美国的参战，盟军的战略地位已从防御转为进攻。战时的研究工作也从像维纳那样的纯粹科学家转移到设计师身上。正当维纳为自己新的科研选题劳心费神的时候，一个从墨西哥传来的消息使他振奋。1945年6月墨西哥数学会要在瓜达拉哈举行一次会议，他们特别邀请维纳参加此次会议。听到这一消息，维纳高兴极了，他正为自己遇到的反馈、神经生理学等问题所困扰，这次去墨西哥正好能与挚友罗森勃吕特进行讨论，真是天赐良机啊！

　　墨西哥是维纳多次去过的地方，但这一次迫切想去的心情，使维纳有一种全新的感觉。一过边境他就被墨西哥的景色深深地迷住了：粉红色和蓝色的砖砌成的房子，像童话故事中的小宫殿；一望无际的原野上，长满了新奇的花草；爽朗、沁人心脾的空气和墨西哥人热情奔放的生活方式……这美好的一切都使维纳预感到此行的成功。

早在两年前，当维纳和比奇洛研究高射炮的自动控制系统时，他们就发现了人的随意活动从本质上讲是一种负反馈控制作用的结果，他们还发现在机械控制系统中，反馈不足和反馈过剩都会导致控制的失败。反馈不足会使控制对象无法接近目标，反馈过剩又会造成机器的振动。照此推想，如果人的控制也依赖于反馈的话，那么就会有某种反馈很大的变态状况，这使人这个系统不再能有效地作为一个控制系统，而是发生越来越强的失去控制的振动，直到这一系统崩溃或者至少到它的基本行为方式获得改善。

当时罗森勃吕特还在哈佛大学，他们去那儿向他请教。

"有没有这样的病人，他在静止时不颤抖，但试图有某种行为，例如拿一杯水时，他就越来越厉害地摇晃，直到把水打翻为止？"刚一见面维纳就劈头问道。

罗森勃吕特看着维纳和比奇洛，感到莫名其妙，但他还是回答道："是的，确实有这种情况。而且在医学上这种变态状况是很有名的，这种疾病被称为动作震颤。造成神经错乱的病灶往往在小脑。怎么，谁得这种病了吗？"

维纳与比奇洛互相看看，满意地笑了，看来他们的推测是正确的。他们把前因后果都与罗森勃吕特讲了，正如他们所期望的那样，罗森勃吕特对这个问题极感兴趣，马上就投入到他们的讨论中来。最后三人一致认为，这种观点比当时流行的神经生理学中的观点高明得多。中枢神经系统不再是从感觉接受输入又把它发射给肌肉的一个独立的自足的器官。相反地，应把它当做一个从神经系统出发进入肌肉，然后通过感官再进入神经系统的环形过程。在此不仅涉及神经和突触的基本过程，而且涉及了神经系统作为一个整体的活动。他们将此写成一篇论文，发表在专业刊物上。

维纳和罗森勃吕特敏锐地预见到，这篇论文只是一个宏大实验工作计划的开始，如果要使"疯子"聚餐会上提出的设想，建立一个介于各门科学之间的科学部门的计划得以实现，这个题目是最理想的。

只是由于当时维纳有高射炮控制系统的研究这一国家项目，再加上罗森勃吕特很快就要回国工作，这个题目才被搁置下来，现在到了实现这一宏伟计划的时刻了。

罗森勃吕特现在是墨西哥国立心脏学研究所所长，他热情地欢迎维纳的到来，当维纳克服了由海拔高度引起的极度疲乏之后，他们马上开始合作研究神经与肌肉系统中的反馈震颤。10个星期后他们将自己的研究成果在瓜达拉哈数学会议上作了报告，与会数学家一致认为，这种研究是极有意义的。

　　回国之后，维纳欣喜地发现，他与罗森勃吕特做的那些工作，即运用现代数学方法把神经系统作为一个通信问题来研究，已经在科学界激起了强烈的反响，纽约的梅西基金会决定就这个专题组织一系列会议。这些会议历时几年，不仅昔日的"疯子"们又聚集在一起，而且队伍有所扩大。他们有精神病学家、社会学家、人类学家、生理学家、数学家、通讯专家、计算机设计师、心理学家、数理逻辑学家等。这些会议与10年前的讨论会不同，他们已经有了共同的选题和思想基础，而不仅仅是讨论方法论的问题，10年前培育出来的种子，现在已经生根发芽了。

　　会议的气氛仍如当年，活泼自由，畅所欲言。在讨论中科学家们认识到，有关通信、控制和统计力学的一系列核心问题之间的本质是统一的，而无需去考虑问题实际来自于没有生命的机器还是活着的机体中。他们还发现在探讨共同的问题时，彼此之间的语言交流存在一定的障碍，不同的专业术语就像不同的民族语言似的，使得有些问题很难表述清楚，特别是有些简单的概念在不同的专业中有不同的名称，有些重要的结果被不同的领域重复做了几遍，而另一些重要的工作在某一领域由于得不到结果而被搁置下来，可它在另一个领域早已成为有了结论的经典工作……

针对这种情况，这些志同道合的科学家为自己制订了训练大纲，总的原则是缺什么补什么。大纲要求数学家、数理逻辑学家、生理学家接触工程技术；生理学家补习数学、物理学和工程学；工程师和数学家去熟悉生物学、心理学和医学的专门知识……要尽快克服科学语言上的障碍，然后回到各自的领域中，开展对"既是机器中，又是活的机体的控制和通讯问题"的研究。

马萨诸塞理工学院、墨西哥国立心脏学研究所与美国洛克菲勒基金会，决定共同资助维纳与罗森勃吕特为期5年的合作研究，并要求每隔一年半两人就要到对方工作的机构待半年。得到多方支持的科学家们，犹如得水之鱼，畅游在科学的海洋里，他们定期交流着研究成果，彼此争论着、默默期待着……

瓜熟蒂落

    战争的硝烟已经散尽，饱受创伤的人们逐渐返回了家园，面对残垣断壁、瓦砾成堆的城市、乡村，人们不禁叹息了。是啊，他们失去的不仅是亲人、财产，还有那文化的精粹和科学的地位。战前的欧洲是科学技术的中心，具有众多世界一流的科学家，可是现在，科学技术中心已经转移到美国，老一辈有名气的科学家几乎都去了美国，新的一代刚从战场上下来，还未成熟。原来鲜花盛开的科学百花园现在荒芜了，这实在令人痛心疾首！经历了血与火考验的人们心灵震颤了，他们不能坐视现状，他们必须行动起来，全力以赴地恢复昔日的辉煌。

1946年盛夏，法国南锡市，南锡大学。一个国际数学会议即将在这里举行，会议的主题是关于调和分析的发展状况研究，具体内容主要是讨论维纳近期的思想，因而维纳成为第一个被邀请的对象。

　　这是战后维纳第一次访问欧洲，望着那些自己曾经参观过的维多利亚时期的建筑已经沦为废墟，维纳的心情极其沉重，他痛恨这可恶的战争，更痛恨那些燃起战火的刽子手们！他期望着欧洲人民尽快从瓦砾堆中站起，无论是经济，还是科学技术都再次腾飞起来，他坚信欧洲人民一定能做到这一点，因为他看到了他们现在正以前所未有的速度重建着家园。

　　像以往访问欧洲一样，维纳在会议之前拜访了很多朋友，朋友们都热情地接待了他。维纳还拜访了特丁顿的国家物理实验室、伦敦大学、曼彻斯特大学、剑桥大学的朋友们，维纳高兴地看到同行们的研究并未因战争而中断，尤其是曼彻斯特大学在高速自动计算机技术方面已走在了前面，他们正在把数理逻辑和电子学综合起来，因此完全能够接受自己在战时形成的有关控制通讯和组织的新观念，他感到自己有必要将这些观点写出来，公开发表。

　　到巴黎时，维纳决定写一本综合性书籍的想法冒了出来，而在这里偶然见到的一个人又促成了这种想法的落实。

一日，维纳在巴黎宽阔的林荫大街散步，碰见了一位马萨诸塞理工学院的同事，他向维纳介绍了身旁的同伴——埃尔芝公司的出版商弗赖曼。

弗赖曼是墨西哥人，他最初是以墨西哥外交机构文化专员的身份来巴黎工作的。后来他娶了前出版商赫尔曼的女儿为妻，岳父死后，他是家里唯一愿意继续经营这个公司的人，这样他便成了出版商。

弗赖曼风趣健谈，他向维纳介绍了自己的家庭和工作。他的祖父是位退休的德国船长，在墨西哥西海岸的特皮克安了家。外祖父是这个地区的威乔尔印第安人的酋长。祖母和外祖母都有西班牙血统。这样在他的成长过程中经常碰到祖父与外祖父试图阻止他受对方影响的说教，一位要他永远做个欧罗巴人，另一位则要他记住，他是个印第安人。他那惟妙惟肖的模仿，逗得维纳捧腹大笑。

弗赖曼还是位数学家，他经营的出版社完全摆脱了牟利的动机，真正为传播科学文化知识而生存。特别是弗赖曼还是布尔巴基的成员这一点，激起了维纳极大的兴趣。

早在1950年，维纳就在《美国数学月刊》上读到过一篇署名尼·布尔巴基的文章，作者在注脚中自我介绍说：

"尼·布尔巴基教授，战前在波达维亚（Polddvia）皇家学院，现定居法国南希，写了一套《数学原本》，内容是关于现代数学的综合性丛书，现在已有10卷问世。"可事实上没有谁见过这位布尔巴基教授，但他的著作《数学原本》却十分有名，它博大精深，涉及现代数学的各个领域，概括某些最新研究成果，以其严谨、别具一格的方式，将数学按结构重新组织，形成了自己的新体系。人们揣测，尼·布尔巴基可能是某个集体的笔名，但不久又看到了布尔巴基的公开声明：布尔巴基是活生生的一个人！就这样，布尔巴基让人们觉得很神秘。今天听弗赖曼说他也是布尔巴基的成员，维纳当然不会放过。

弗赖曼向维纳讲道，布尔巴基实际是一个数学学派，它由一群年轻的法国数学家组成，其目的在于重振法国的数学。

布尔巴基学派的活动形式与维纳他们的方法论讨论会有些相似，堪称"疯子"集会。每年举行两三次会议，每次总要经过讨论并一致同意写某书或某几章，然后由某个自愿者按照模糊的计划写初稿，没有太多的约束，完全由他自己去冒险乱闯。一两年后，初稿在布尔巴基会议上宣读，"经受残酷无情的批评"，往往一次会议下来，稿子被批得体无完肤，然后再去写第二稿。一本书稿要重复六七次，直到大家都厌烦了，才送到弗赖曼那里去复印……

布尔巴基是一个年轻人的事业，它有一条不成文的规定，无论是谁，无论他对布尔巴基有什么贡献，只要到了50岁就要自动脱离学派，而对于年轻的数学家，只要他能经得起布尔巴基讨论的熊熊烈火，能够参与讨论，那么他就自然而然地成为布尔巴基的新成员。

维纳感到能与这样一个有活力的神秘团体熟识，令人十分愉悦。所以当弗赖曼谈到他对维纳战时所做的工作很感兴趣，希望维纳能把有关通讯自动化工厂和神经系统的思想写成一本小册子，拿到他的出版社发表时，他欣然接受了，并当场确认了合同。

南锡会议结束后，维纳返回了美国，继而又按计划去墨西哥，开始同阿梯罗·罗森勃吕特一起搞神经生理学研究。由于维纳与罗森勃吕特的生活习惯不同，所以他们能在一起工作的时间很少。罗森勃吕特习惯下午和晚上工作，要到下午三四点钟才能提起精神，并能保持到午夜之后很久。而维纳习惯在上午工作，醒来时精神最好，下午两点开始松懈，天黑之后就根本不能做创造性工作。合作的空隙两人可以充分利用做自己的研究工作，维纳用此时间来写计划中的书。

事情做起来往往比想困难些，维纳在一开始就碰到难题，取个什么书名才能确切地表达自己的思想呢？开始他想找一个表示"信使"意思的希腊词，但很快他就发现唯一的一个字是"angelos"，在英语里已有特定的意义"天使"，这显然不适合自己的思想。找了好久，最后终于从控制领域找到一个表示"舵手"的希腊词。他决定将这个词引入英语，并利用希腊语在英语的发音，写成Cybernetics（控制论）。

这个词令他十分满意，这是他能够找到的表达包罗一切领域的控制技术和科学的最好的词汇。他大声地对妻子说："玛格丽特，我的书名定为《控制论》怎么样？"专修语言学的玛格丽特笑着答道："很好！诺伯特，真的很确切！"

写作开始了，在这本书里维纳综合、总结了以前自己的研究成果，将工程技术领域的控制、反馈等概念引入生物学和社会学领域，将信息这一通信工程中的概念推广到整个社会科学和自然科学领域，将生物学中的自组织等概念，推广到工程技术、社会科学的领域……为自然科学、工程技术、社会科学及各学科之间提供了彼此交流的语言。介绍了用电子元件或机械元件组成的控制系统，使用统计方法研究信息的传递和加工，特别是反馈和振荡，并指出如何用功能模拟法、黑箱方法等研究人的大脑和神经生理活动，触及心理学的"完形"概念（在知觉过程中，对整体的知觉大于对各部分知觉之和）。在这本书中，他还提出许多诸如社会控制、机器能否思维等社会学及科学哲学问题。

1947年10月，划时代的著作《控制论》终于定稿。维纳如释重负，将书稿寄给正在巴黎的弗赖曼。弗赖曼收到书稿后非常高兴，马上组织人力排版、付印，1948年《控制论》在巴黎出版了。作为一本科学书籍，弗赖曼对《控制论》的商业前景估价不高，他已经做好了赔钱的准备，但结果出人意料，《控制论》成为十分少见的科学畅销书，这使他，不！确切地说是所有的人都极为惊讶。维纳虽然知道自己在书中提出了许多新的创造性的观点，但造成如此巨大的反响却是他始料不及的。他的声望一下子提高了，一跃成为世人皆知的"控制论之父"。

成功的喜悦涌上了维纳的心头，他为自己多年的努力得到承认而高兴，但同时也隐约地感到行进途中的一股强劲的逆流正向他袭来。

艰难的里程

　　天气闷热，乌云布满了天空，窗外黑沉沉的，仿佛马上就要大雨倾盆。然而，雨却始终没能落下来。

　　坐在书房中的维纳，望着屋外阴暗的天空，直觉得心烦意乱，忍不住小声咕哝着：

　　"唉！这鬼天气真叫人难受，赶紧下场大雨吧。"

　　最近几天，维纳的心情也像室外的天气一样沉闷。几位自称为工程师的陌生人轮番前来"询问"有关《控制论》一书中的某些观点，他们显然不是真的要弄懂这门理论，而是满足自己的好奇心和故意刁难维纳。对此维纳既厌烦又无奈，面对这些"虚心"的求教者，维纳只能强颜欢笑，故作和蔼可亲地回答他们所谓的问题。这种接待实在叫人精疲力竭，维纳真想按自己的个性，冲这些人大吼一声："走开，这里不是动物园！"

他要将聚集在胸中的愤懑释放出去。可是他不能，他得保持科学家的风度，维护他在公众中的形象，还得特别提防自己不慎的言行被别有用心的人利用……

自从《控制论》一书出版发行之后，维纳一下子从声誉有限的科学家变成人人皆知的社会名流，刹那间鲜花、冰雹；赞誉、攻讦；该来的、不该来的；合适的、不合适的都向他涌来。一些人对他大加赞扬，称誉他为继爱因斯坦后的天才科学家；另一些人却对他横加指责，把他称作招摇撞骗的伪科学家。这两种两极的评论，搞得维纳原本就敏感易惊的神经紧张极了。似乎他从此再也没有安宁之日，每天都要应付讲演、座谈之类的邀请，每天都要接受赞美之词与诋毁之声，每天都要接触和接待各种各样的上门求教者……维纳感到自己有限的精力在做这些无意义的事情中渐渐地耗尽了，自己的创造力在这种无谓的应酬中消失了，这太令人难以忍受。

玛格丽特不知什么时候悄悄走进了书房，她对自己的丈夫太了解了，别看他外表强悍，内心却常常软弱，现在又是他需要帮助的时候。

玛格丽特用手轻轻地抚摸丈夫的头发，细声问道：

"诺伯特，你知道爱因斯坦博士吗？"

维纳诧异地望着玛格丽特答道："当然，我当然知道爱因斯坦，他是本世纪最伟大的科学家，正是他发现的质能关系公式，使我们今天能够利用上原子能。"

"那么你还记得他的狭义相对论刚刚发表时的情景吗？"

"噢！我明白你的意思。"维纳恍然大悟，他感激地拥抱着妻子。

是的，玛格丽特是对的。1905年，爱因斯坦发表了狭义相对论，据说当时全世界只有包括罗素、居里夫人在内的十几个人能够理解他的理论。爱因斯坦在这个理论中提出了质量—能量转换公式：

$E=mc^2$

（其中：E为能量；m为质量；c为光速）

这个公式告诉人们，在一定的条件下，物质质量的消失将换来巨大的能量释放。这一结论在震惊了当时理论物理学界的同时，也遭到了纷至沓来的非议，嘲笑、讽刺、唏嘘之声一时甚嚣尘上。有人甚至撰文公开讥讽爱因斯坦"连起码的中学物理常识都没有，把中学生都能掌握的质量和能量两个截然不同的概念混淆起来了"。至于爱因斯坦的广义相对论及由此产生的宇宙起源说，所受到的尖刻的攻击从诞生之日起就没有间断过。与爱因斯坦相比，自己所受的委屈算不得什么，不过是有极少数人在攻击控制论是"江湖医生贩卖的最拙劣的狗皮膏药"。而绝大多数人对自己、对控制论的评价都是公平的、积极的。相信会有那么一天，当自己在《控制论》一书中预言的自动化工厂、智能机器人等真的实现后，那些对控制论横加指责的人会闭上嘴巴的，就像第一颗原子弹在广岛爆炸后，再也无人怀疑质、能转换公式一样。想到这里维纳觉得心里释然了，玛格丽特的指点真是一场及时雨呀！

沉思过后，维纳及时调整了自己的处世方针，不去过分在意别人的评说，而将大部分时间和精力归还自己，他要利用余生全力发展控制论。

在《控制论》一书出版之前，维纳在这方面所做的都是与他人合作的专业性很强的工作。在《控制论》的写作过程中，维纳也没有想把它写成一本包括控制论中所有进行过的工作的纲要，他注意的是阐述他关于这门学科的思想和那些开始引导他进入这个领域并在这一领域发展中继续引起他的特别兴趣的某些哲学思考。因此，对于控制论，一方面维纳不仅仅是一位创始人，他还起了统一、综合、宣传普及作用，是这方面的集大成者和哲学家；另一方面，正如维纳指出的，控制论的内容很多，还有许多是他书中未能涉及的，控制论的发展前景极好。对此他做出许多吸引人的预测，毫无疑问他还是一位科学的预言家。

1950年的春天，法国的芒代尔布罗向维纳发出邀请，请他作为富布赖特研究员去法兰西学院讲学。富布赖特研究员是美国同外国所交换的学者。维纳非常愿意去法国工作一段时间，但眼下的情况使他不能马上成行，他必须为明年在巴黎举行的关于高速计算机和自动化的国际会议做些准备，所以直拖到年底他才动身。

科学毕竟是科学。控制论在与愚昧无知的抗争中逐渐壮大起来。1951年，控制论世界大会在法国巴黎召开，宣布成立控制论世界组织，以促进、协调和交流控制论的跨国研究和应用。维纳当选为这个组织的第一任主席。这是维纳盼望已久的时刻，为了这一时刻，他进行了将近一年的艰苦准备，今天终于成功了。看到控制论能得到世界绝大多数地区的广泛承认，维纳心里畅快极了，他相信今后的处境会更好，控制论的发展会更加迅速。

唯一令维纳觉得遗憾的是他始终未能与苏联科学家们

面对面地讨论控制论。他早听说在苏联大百科全书中，控制论被认为是"反动的伪科学"，他很想亲耳听听苏联同行对控制论的看法，很想亲口向苏联同行解释一下自己的观点，可是没有机会，即使后来在印度碰上一个苏联科学考察团时，他都没能做到这一点。在克格勃的严密监视下，没有哪位苏联科学家敢与他说话，他只能放弃这种打算。

维纳发展的控制论，主要是用时间序列观点处理信息的转换、提取、加工和预测。它依赖于系统的传递函数和频率特性，使用的数学工具主要是数理统计和调和分析，这套方法后来被称为"经典控制理论"。

1960年以后，维纳欣喜地看到一代新人迅速成长起来了，他们在维纳的基础上，发展了一种"现代控制理论"。这是一门研究系统控制的学科，与经典控制理论相比它具有更大的优越性，使用的数学工具更新、更复杂，适用的范围更广泛。

"多么能干的年轻人，多么好的科学理论！"维纳忍不住啧啧赞叹起来。虽然这些年维纳常因心力衰竭而卧病在床，但他感到自己的创造力仍然旺盛，完全可以继续为控制论的发展添砖加瓦，因此他一直努力工作着，从未松懈。

然而，1964年3月18日，就在维纳接受了美国总统约翰逊亲自颁发的科学奖章，达到一位科学家所追求的目标不久，一场突发的心脏病击倒了他，从此世界上失去了一位天才的科学家。

生命在维纳的身体中消失了，但它却在控制论的发展中永存。

20世纪70年代，由维纳亲自创办的控制论世界组织更名为"一般系统论和控制论世界组织"，平均每三年召开一次控制论与系统国际会议。过去维纳经常访学的欧洲，今天是控制论研究十分活跃的地区，几乎每两年就要在这里召开一次国际学术会议。在维纳的故乡美国，控制论的发展更是神速，"系统、人和控制论"委员会每年召开一次国际学术年会。匹兹堡大学每年召开一次国际"控制论与社会"的学术交流会……

这些国际学术会议规模往往超过千人，涉猎专题多达几十项，是任何其他科学领域的学术活动所无法比拟的。

20世纪80年代，控制论又以全新的面貌出现在世人面前，人们通过研究如何从输入、输出数据，建立动态方程的学科而发展出系统辨识理论。许多科学家正在实现当年维纳的梦想——研究能部分代替人脑的控制系统，即人工智能系统。

"塔罗斯"降世

　　傍晚的大海静悄悄的，夕阳的余晖将海水染成了红色。几位刚刚嬉戏过的白衣少女斜卧在金色的沙滩上，欣赏着造物主创下的辉煌。

　　突然，红色的海面上跑来一头公牛，它威风凛凛，浑身上下闪着金光。公牛径直走到白衣少女中最漂亮的一位身边，温顺地用舌舔着少女的玉手，少女终于经不住诱惑，爬到了它的背上。公牛腾空而起，带着少女消失在远方红色的苍穹。

　　少女名叫欧罗巴，是希腊腓尼基国王西顿的小女儿，她聪明善良，长得像天仙一样。今天她跟女伴们来海边玩耍，不想碰见了众神之父宙斯。欧罗巴的美貌深深地吸引了宙斯，他变成一头公牛来到海边，将欧罗巴诱拐到了克里特岛。

为了取悦欧罗巴，宙斯命能工巧匠用青铜铸造了一个巨人，取名叫做塔罗斯，并把它送给了欧罗巴。

塔罗斯虽然是青铜人，但他的外形是一位漂亮健壮的男青年，背上还有一对能飞翔的翅膀，塔罗斯能同人一样地思考，并有超人的勇气和力量。它每天在岛上巡视三遍，尽职尽责，从不松懈。遇到偷袭的船只，它就用巨石砸沉它们，如有陌生人偷偷上岛，他就跳入火中将自己浑身烧得通红，抱住陌生人将他们烧死。塔罗斯刀枪不入，是位战无不胜的英雄。

然而，塔罗斯也不是尽善尽美的，他的踵部是全身唯一的薄弱环节，那里有一颗小钉子，一旦拔去钉子它就会因流尽全身的血液而死去。后来，塔罗斯就是这样在睡梦中被人杀害了。

这是一则希腊神话。神话故事是人们凭借想象杜撰出来的，但它反映了人们的某种愿望，那就是制造像塔罗斯那样的、能模仿人类举止、能思考、能在某种程度上代替人劳动的机器，让它们为人类服务。为了这一愿望，人类祖祖辈辈都在努力着。

在中国古代，也有许多关于机器人的记载。据《列子·汤问》篇记，早在公元前900多年，周穆王西游时，途中遇到一名叫偃师的匠人，他献给穆王一个精致的歌舞机器人。这个机器人走起路来像真人，能唱歌、会跳舞，活灵活现，很逗人喜爱。类似的文字记载还有许多。这类机器人内部结构是机械的，主要通过齿轮系统来传递动力，根本谈不上能思维。

人类在制造能思维的机器人的道路上继续摸索着，终于在1946年制造出第一台电子计算机。电子计算机也称电脑，虽然它在物质结构上与人脑完全不同，但在某些功能上却相似，因此，电脑能代替人脑进行部分的判断、推理、演算、识别、决策……这离人类的目标又近了一步。

童年的维纳曾在读过科幻小说后萌生过设计、制造一个像人一样的机器人的想法，但那基本上是没有科学根据的幻想。在控制论的发展初期，由于发现了动物与机器在控制和通讯方面的一致性，这种想法再次产生。维纳在《控制论》一书的第一版中提出了这个问题，并进行了初步的讨论。接着在第二版中又专门增设一章：关于学习和生殖机，进一步探讨制造能够学习的、自我繁殖的机器问题。在这里他从科学的角度出发，论证了实现这一设想的可行性，并指出根据当时已有的数字机（最初的电子计算机）和冯·诺伊曼提出的博弈论，制造出一部与人类棋手水平相仿的机器棋手并不是很困难的。

1955年，一项新公布的发明令维纳兴奋不已，他抓起了玛格丽特的手转起了圈圈，全然不像60岁的老人，他大声叫着：

"我的设想实现了，塞缪尔，你真棒！"

原来，美国IBM公司的工程师阿瑟·塞缪尔选择了在人类智能中具有代表性的、为人们熟悉的、容易直接进行人——机智能较量的下棋机作为突破口，创造了有自组织、自适应、自学习的，能积累经验的跳棋机。这正是维纳所设想的那种机器棋手，难怪他如此兴奋。

塞缪尔利用博弈论和启发式搜索技术，在计算机上编出程序，使这台计算机能像人类棋手那样，在对垒时向前看几步棋。1959年它击败了程序设计者本人。1962年又战胜了美国某州的跳棋冠军，"荣登"了州冠军的宝座。

"塔罗斯"真的降世了！这一创举轰动了世界。

像下棋机这类的机器，人们现在称它们为智能机器人，在控制论发展的初期，维纳等控制论的先驱们称它们为控制论机器。理想的智能机器人外形并不一定与人一样，但它应该和人一样具有思维能力和环境适应能力，并能运用自然语言与人交流。目前，设计这种名副其实的控制论机器还困难重重。模拟高度进化的人的功能并非易事。硬件方面，光是模仿人眼、人耳、人的手足就要涉及几十门工程学科；软件方面，各种计算机辅助设计和软件生产自动化技术，尚未发展到足以设计智能计算机的水平，至于让机器像人一样地思考这样的程序设计命题，可能还要耗费许多科学家的精力才能完成。智能机器人的最关键部分是软硬并举的大脑，大脑对信息的处理方式决非目前常用计算机那种程序内存的串行处理，而是并行处理、分布式的。人类必须进一步探讨大脑的工作机理，另辟蹊径！

制造智能机器人，除了技术上的问题，还有长期争论的哲学问题，机器能思考吗？智能机器人会全面超过人吗？

维纳在《控制论》一书中谈到学习和自生殖机时认为，智能机的思维是介于人与机器之间的，算不上真正的思维。他还对人类能否控制好智能机器表示忧虑，因为这种机器内部运转太快，一旦有了错误，人们恐怕没有时间关闭它。维纳提出的问题，时至今日人们还在争论。据此人们还写出许多科幻小说、电影剧本……如美国动画片《变形金刚》中，就塑造出一批最初由人制造的机器人，后来自繁殖并分化成两伙脱离人控制的机器人：汽车人与霸天虎。汽车人为维护人类的生存空间而斗争，霸天虎为称霸宇宙而奋斗。人类的生存条件与空间，在这里反而要依赖自己创造的机器人之间的争斗结果。多么可悲，多么可怕！

其实，按着辩证唯物主义的观点，人们完全不必如此悲观。因为无论机器是否能够思考，机器的思维是否与人类的思维一样，我们今天已经制造出来高速运转的电子计算机，制造出来多种类型用于机械装配、集成电路压焊、弧焊、假肢及人工手等方面的智能机器人，制造出许多"计算机教师"、"计算机医生"、"计算机科学家"等专家系统……它们确实能够代替人类去进行部分的脑力劳动和体力劳动。这就足够了！相信不用很久，人们会制造出新一代的电子计算机，新一代的智能机器人，它们不仅能代替人类去做某些事情，而且具有放大人的体能和智能的作用。

至于因"机器会全面超过人、最终奴役人"而担忧更不必要，因为这种观点在逻辑上自相矛盾。假定机器能模拟人的全部属性，那么机器可能对人的全部属性作出全面延伸，从而离开人独立地变成"超人"，具有万能模拟的效果。但是，模拟工作最初是由人做的，那么这样的人就必须有万能模拟的能力，因为在造出机器之前，首先必须赋予机器这种能力。这显然是矛盾的，任何一方的全能全智都是对对方全能全智的否定！

另外，任何智能机器都是以人为复制对象的，它总要建立在人对自身的认识上。人在某一阶段把对自身的认识以物化的形式固定下来，制造出机器人。一旦机器制造出来后，人的认识又在实践中前进了，并再次将这种新的认识物化在机器中，如此循环渐进，人始终是认识的主体。智能机只能是人的认识的物化和工具。还有，任何模拟都是对对象的近似复制，不可能完全相同。模拟总是根据一定的目的，抓住事物的本质特征，舍去次要的特征，虽然这些次要的特征在另一场合也许是主要的，但此次模拟必须舍掉它们，因此不会有什么万能模拟。现在计算机模拟人的思维就舍去了人脑的物质属性和社会属性这两个本质特点，仅从信息过程和人脑的功能上进行模拟。试想这样的机器怎么可能超过人类，进而统治人类呢？

刚刚结束的为纪念电脑问世50周年而摆开的人脑－电脑之战，也许能很好地说明问题。

1996年3月世界国际象棋锦标赛冠军卡什帕罗夫与一台名叫"深蓝（Deep Blue）"的电脑进行比赛。"深蓝"是美国IBM公司花6年时间研制出来的，专为打败世界冠军棋手而设计的电脑，它可以应付国际象棋中几乎无穷无尽棋招的变化。这台电脑每秒钟可以滤过10亿步棋位，它比那些所谓运算最快的赛棋电脑还要快上1000倍，功能等于256部大型电脑同时作业，真可谓是电脑巨人。

第一局开始了，卡什帕罗夫犯了一个致命的错误，他跟"深蓝"比起运算来，结果大败而归。

第二局，卡什帕罗夫吸取了教训，改变了战术，把功夫用在了对棋局的整体综合判断上，而不是用在具体的棋步上，结果电脑算不出来他是什么用意，卡什帕罗夫反败为胜。

后面的比赛卡什帕罗夫依旧用这种战术，最终以三胜两和一负赢得了比赛。

电脑的"思维"比起人脑是大大打了折扣，不能与人的思维同日而语，人脑善于综合组织与综合分析判断，可以事先做出计划，然后再去实施。而电脑只能通过机械运算，在无数可能的方案中寻找对应的方案，它根本不知道自己在做什么。

智能机器人是人工智能的一个分支，它是控制论向纵深发展的必然结果。控制论从一开始就揭示了作为动物的人与机器在通信和控制上的本质的一致性，这就为智能机器人的制造提供了理论前提。现在美国和日本在这方面处于领先地位，1983年美国生产机器人3234台，第二年日本生产了30 000台，这些机器人在世界的各个角落里忠实地为人类服务。

人工智能正以它蕴藏的巨大潜力而引起世人的注目。1981年日本公布了一个宏伟的计划：在10年内研制成第五代电子计算机，即人工智能计算机，它既能推理，得出结论，又能做出判断，甚至能理解书面和口头语言。并在第二年就开始实施。美国和英国也不甘示弱，纷纷提出自己的计划。我国关于人工智能的研究起步很晚，但改革开放后正奋起直追，著名科学家钱学森先生曾语重心长地说："不搞智能机，我们将会被人类自己创造的大量精神财富压垮。反之，可以大大地提高人的智力……"

也许在不远的将来，"塔罗斯"的儿孙会纷至沓来，在我们的家里安家落户。

尾　声

　　20世纪80年代初，一个风和日丽的清晨，美国，一家大型现代化实验室。

　　高大健壮的生态学家汉森（Q．Hansen）博士正在做着一项实验。他坐在工作台边，仔细地在一个装着纯净海水的烧杯里放进一些线状的绿色海藻、几只0.15米的红色小虾及一些细菌，然后盖上盖子密封好。做好这一切后，他直起身子，长长地呼出一口气，自言自语地说："今后只需每天把它放在日光灯下照射12小时就行了！"

　　"吱呀"一声，门被轻轻地推开了，利用业余时间打工的大学生迪克走了进来。迪克今年19岁，是大学二年级的学生，他每周来这里一次，打扫实验室的卫生。

"哈啰，早上好！汉森先生。"

"你好！小伙子。"汉森头也不抬地答应一声，继续观察着他的实验。

迪克望着汉森那副认真的模样，感到十分好笑，心说："搞什么名堂？在这么高级的实验室里做如此简单的实验。这不就跟小孩玩似的，捉几只蚂蚁放在瓶子里，然后在里面放一两片树叶，作为蚂蚁的食物，再盖上盖子，免得自己的战利品逃之夭夭。噢！对了，不一样。小孩都在盖子上弄几个小通气孔，免得闷死自己的宠物。博士却密封了瓶口，可怜的小虾一定死得更快了。"

很快，迪克就做完了清扫工作，他又看看被密封在瓶中的小虾和沉思着的博士，耸耸肩膀笑着走掉了。几天之后，他完全忘记了那些小虾。

一周、两周、三周……不知不觉中一年过去了。

一日，迪克在实验室打扫卫生时，偶然间又瞥见了那只烧杯，上面密封的日期写得清清楚楚。

"还是那只烧杯！"迪克心说。

再仔细一看不禁大吃一惊，几只红色的小虾还像刚放进去似的活蹦乱跳，迪克再也忍不住了，大叫起来：

"上帝啊！它们还活得好好的，这怎么可能呢？"

这次轮到汉森博士笑了。这个实验是他的得意之作，他自豪地对迪克说：

"我在烧杯里创造了一个'自给自足'的微生态系统。在这里海藻通过光合作用产生氧，小虾吸收氧而排出二氧化碳；细菌分解小虾的粪便，使它转变为海藻的肥料；海藻又为小虾提供佳肴。虽然这个微生态系统是个密封的整体，但我每天从杯外用日光灯为它照射12小时，这既给它补充了能量，又维持了它的开放特征。所以小虾理所当然地活着，一点儿都不奇怪。在此，我就是上帝！是我创造了它们的生存空间，不是吗？"

迪克真的服气了。他为自己当初低估了汉森的实验而羞愧，同时也感受到自己的孤陋寡闻和进一步学习的必要性。他觉得人类真是了不起，特别是他们当中的精英们——科学家太伟大了，竟然能够创造出如此奇迹来……

汉森创造的这一生态系统，由于其能量交换的稳定性和物质循环的平衡性，运转几年一直存活。沿着这一思路，1990年美国在亚利桑那州图森市东北部一处荒漠上，建筑一个占地1公顷的大型密封玻璃钢架结构的建筑物，总空间为14万立方米，这是一座生态实验室，它被命名为生物圈2号。生物圈2号用来模拟自然生态，分生活、农业、热带雨林、平原、海洋、沼泽地和沙漠7个实验区，共移植3800种植物、几十种动物。8名来自英国、美国、德国和比利时的科学家在这个与世隔绝的"世外桃源"里工作了两年，只有太阳光、电能和通信设施才使他们感觉到还生活在地球上。这个人工自然生态系统除了给人们提供活的生态样本，更重要的是为人们获得生态系统中的信息流规律提供依据。这恰是控制论的一个分支——生态控制论的主题。

控制论粗线条地划分，可以分为三大分支：工程控制论、生物控制论和经济控制论。细分则有许多分支，如，工业自动化、人工智能、神经控制论、生物行为控制论、医学控制论、生态控制论、环境控制论、资源控制论、种群控制论、发展环境控制论、能源控制论、人口控制论、社会控制论……毫不夸张地说，今天人们的生活都或多或少地受着控制论的影响。

我国的基本国策计划生育、植树造林，就是在控制论专家得出的科学结论基础上，由国家领导人决策得到的。

根据世界卫生组织估算，目前世界人口平均年增长率为1.8%，人口平均每30年增加一倍。按此速度再过585年，人口会多达1.5万亿！到那时地球陆地面积上每平方米就要住一个人。过653年，整个地球表面都要被人据为"立锥之地"。

我国是个人口大国，新中国成立后随着人民生活水平的提高，人的平均寿命已从解放初的35岁提高到1989年的70岁。这些因素促进了人口的快速增长，如果按着1975年妇女平均生育率3.0计算，到20世纪末人口将突破14亿，到2080年将达到43亿，这是我国国力绝对难以承受的！

　　20世纪80年代初，我国一批人口控制论专家，如：宋健、于景元、王浣尘教授等人，采用控制论方法预测了我国100年内人口变化的可能态势，他们建立了我国人口发展的数学模型，然后借助电子计算机解一系列的偏微分方程，得到了一系列人口增长数据和规律，提出了许多有重要参考价值的结论。根据这些结论，控制人口增长的关键在于控制妇女的平均生育率。由此，"只生一个孩子好！"的口号就成为了计划生育政策中的一项重要措施。

　　开展全民义务植树活动的理论依据仍是控制论。生态控制论告诉人们，人工生态系统中蕴含着社会经济要素。与自然生态相比它有许多不同。在没有人为破坏的前提下，生态平衡是自动完成的，而且是在最优意义下完成的。但人工生态系统就完全不同了。

　　在人工生态中，生产环节一般都是链状的，很少构成物质良性循环的环状系统。如城市垃圾的再利用、城市污水的再循环等，只在少数城市部分地得到了解决。另外，其最优化原则是由人主观选择的。由于受自然地理条件、经济技术水平、社会生产关系和地缘政治体制的制约，往往在获得短期的和部分的最优化后便沾沾自喜。如毁树造田、填湖造田等，结果遭到大自然无情的"报复"，导致土地大面积沙漠化、"黑色尘暴"骤起、水土流失现象严重……

生态控制论的研究表明：人类活动应该最大限度地符合人类的整体利益和长远利益。决不能只顾眼前，盲目地"战天斗地"，而是应该对资源进行合理的利用和再循环，对环境进行综合治理和优化，在新的生态平衡格局下与之适应和协调。在这种观点的指导下，人们开始退耕还林，退田还湖。我国领导人也做出了将植树造林、绿化祖国作为基本国策的决定，提出开展全民义务植树造林运动的口号。地球生态圈是比较脆弱的开放系统，维持生态平衡的决定因素是人。如果人类控制不了自身的生产繁殖，控制不了自身对物质追求的欲望，只能导致生态系统的土崩瓦解，最终不仅毁灭了人类，也毁灭了地球！

太阳拖着长长的余晖，慢慢地隐入茫茫的黑色苍穹中，明天它还会升起、再度辉煌。诺伯特·维纳虽然离开了我们，但他创立的控制论却像一棵常青树，不断地生长、壮大，充满着勃勃生机。

世界五千年科技故事丛书